QUÉ DICEN OTROS
LA NAVIDAD CON MATEO

I0191306

"Recuerdo la maravilla de la mañana de la Navidad como niña cuando la familia se unía alrededor del árbol navideño leyendo la history de la Navidad antes de abrir los regalos. Ahora usted y su familia pueden disfrutar de la maravilla de la Navidad cada día del mes de diciembre con *La Navidad con Mateo*. Hasta los miembros de la familia más pequeños podrán sentir y experimentar el regalo asombroso que es Jesús para nuestro mundo. Pero más que eso, podrán escuchar y ver el poder de Jesús para cambiar cada día de ordinario a extraordinario porque él vino en esa primera Navidad. Con estas porciones pequeñas diarias, las vidas de "los pequeñines" serán enriquecidas."

–Carol Anne Friesen
Educadora de la primera infancia

"La temporada del Adviento nos enfoca la atención cada año en "Cristo como hombre". En La Navidad con Mateo, el pastor Scott Wade ha presentado con gran habilidad un trabajo para el hombre común con este devocional usando el evangelio según San Mateo. Sin importar si alguien está considerando a este Jesús por primera vez o le ha sido un seguidor de toda la vida, *La Navidad con Mateo* proveerá conocimiento diario y enseñanza útil en conocer y seguir a Jesús como Salvador. ¡Gracias, Pastor Scott!"

–Greg Lyman,
Doctor en medicina

la navidad con mateo

Considere estas cosas

SCOTT WADE
con MATT y FAY WAGNER

dustjacket

🕊dustjacket

DEDICACIÓN

Este libro está dedicado al recuerdo de mi madre, Velma Caldwell, cuyo espíritu de niña aún me inspira con la maravilla de la Navidad.

CONTENIDO

PRÓLOGO

C uando está haciendo una subida significativa, ¡no necesita mirar abajo o hacia atrás porque lo que le espera está arriba y por delante! ¡Eso es lo que hemos venido a experimentar y a anticipar con el Reverendo Scott Wade guiando más y más alto nuestra subida espiritual!

Sentimos profundamente el honor de que Scott nos pidiera proveerles a los lectores de *La Navidad con Mateo* una muestra de la anticipación que sentimos en cuanto a *La Navidad con Mateo* —tanto en lo personal como con nuestra iglesia. Aunque podamos sentir que nuestras credenciales como pastores cofundadores de una pequeña congregación nazarena hispana sean eclipsadas por los logros ministeriales extensivos de Scott, sabemos que él ha sido gratificado por el impacto que sus escritos ha hecho en nosotros y en nuestra congregación.

Verá, nuestra anticipación para *La Navidad con Mateo* viene de nuestra experiencia con su devocional previo, *La Navidad con Lucas*. Como en la mayoría de las congregaciones hispanas en los Estados Unidos, y supongo que en Canadá, el inglés es el idioma principal de nuestros jóvenes aunque los adultos quizás no sean bilingües. Sabiendo eso, decidimos proveer ambas versiones de *La Navidad con Lucas* en inglés y en español a cada una de nuestras familias. También expandimos su uso de un devocional diario a un estudio bíblico repasando lo que habíamos aprendido y ganado espiritualmente durante las sesiones semanales de grupos pequeños y las lecciones de escuela dominical. Los resultados fueron asombrosos. ¡Presenciamos crecimiento espiritual y un deseo incrementado por la Palabra de Dios porque múltiples generaciones aceptaron la subida!

Oramos que ustedes experimentarán los mismos resultados al hacer la subida con *La Navidad con Mateo* junto con nosotros y con nuestro guía, Scott Wade.

Bendiciones,
Bill e Isaelda Wojtkowski
Copastores,
Iglesia del Nazareno Charleston
(Carolina del Sur)

RECONOCIMIENTOS

Un agradecimiento especial a Matt y Fay Wagner —amigos en este viaje y compañeros obradores en el reino— por sus preguntas y actividades que hacen pensar dirigidas hacia los niños y sus familias.

Gracias también a Lana, mi esposa, por su presencia constante al escribir ese libro y por su compañerismo en la vida y en el evangelio.

A Adam Toler y al personal en Dustjacket —gracias por su liderazgo maravilloso y consejo experto en llevar este proyecto de plan a página.

Estoy agradecido por el trabajo de mi editor, Jonathan Wright, quien trabajó con tanto esmero para que el desorden que yo había hecho se volviera una edición de excelencia.

A la junta de Momentum Ministries —gracias por acompañarme en este viaje de ministerio.

A todos los que oraron, dieron y animaron a Momentum Ministries —gracias por hacer este y cada otro libro posible.

A Bree Beamon, una amiga y guerrera de oración —gracias por tus oraciones y por contribuir muchas de la oraciones escritas incluidas en *La Navidad con Mateo*.

INTRODUCCIÓN

CONSIDERE ESTAS COSAS

El nacimiento de Jesucristo fue así: Estando desposada María su madre con José, antes que se juntasen, se halló que había concebido del Espíritu Santo. José su marido, como era justo, y no quería infamarla, quiso dejarla secretamente. Y pensando él en esto, he aquí un ángel del Señor le apareció en sueños y le dijo: José, hijo de David, no temas recibir a María tu mujer, porque lo que en ella es engendrado, del Espíritu Santo es. Y dará a luz un hijo, y llamarás su nombre JESÚS, porque él salvará a su pueblo de sus pecados. Todo esto aconteció para que se cumpliese lo dicho por el Señor por medio del profeta, cuando dijo: He aquí, una virgen concebirá y dará a luz un hijo. Y llamarás su nombre Emanuel, que traducido es: Dios con nosotros. Y despertando José del sueño, hizo como el ángel del Señor le había mandado, y recibió a su mujer. Pero no la conoció hasta que dio a luz a su hijo primogénito; y le puso por nombre JESÚS.
(Mateo 1:18–25)

José, esposo de María, madre de Jesús, no estaba listo para criar al Mesías en su hogar. De hecho, intentó evitarlo. Pero al considerar estas cosas, el Señor le envió un mensajero para decirle que esto era exactamente lo que había sido escogido para hacer.

Mateo fue un candidato poco probable para ser un discípulo de Jesús, y mucho menos el autor de uno de los evangelios. Considere estas cosas: como un recaudador de impuestos romanos, fue despreciado por sus compatriotas. Él era especialmente inadecuado para escribir una historia de Jesús dirigida específicamente hacia lectores judíos. Pero es precisamente lo que fue escogido para hacer.

Cuando Mateo escribió sobre Jesús, la historia había existido varias décadas. Las autoridades religiosas y la población judía habían rechazado firmemente a Jesús. Sin embargo Mateo escribió esperando que considerarían estas cosas y que aceptarían a Jesús como "el que (había) de venir" (Mateo 11:3).

No hay mejor tiempo que el Adviento para considerar estas cosas: cómo la llegada de Jesús nos impacta a nosotros y a nuestro mundo.

Invite a otros a acompañarle al celebrar *La Navidad con Mateo* y considere estas cosas.

———— ✳ ————

ADVIENTO:
La llegada de una cosa o persona notable

Adviento es la forma españolizada del *adventus* en latín, que quiere decir "llegada", "apariencia" o "venida". Los cristianos celebran la temporada de Adviento (a veces llamado Advenimiento) reconociendo la llegada de Jesús en la Navidad. Tradicionalmente las cuatro semanas antes del nacimiento de Cristo se reservan para preparar su llegada.

Espero que *La Navidad con Mateo* les ayudará en sus preparativos para el Adviento, para prepararse para la llegada de Cristo.

Aunque no sigue estrictamente el calendario de Adviento, este libro los llevará de viaje hacia la Navidad. Cada día hay un pasaje sugerido de capítulos sucesivos del evangelio de Mateo (¡o pueden leer el capítulo entero!). También hay un artículo devocional único, una oración, preguntas específicas y reflexiones para ese pasaje. Por último, hay actividades y guías para la discusión para los niños y la familia cada día.

¡Tengo muchas ganas de disfrutar *La Navidad con Mateo* con ustedes!

---- ✳ ----

CÓMO USAR
La Navidad con Mateo

C omo las fechas de Adviento cambian cada año, este libro está estructurado alrededor de veinticuatro pasajes de los primeros veinticuatro capítulos de Mateo. Estas lecturas se presentan para los primeros veinticuatro días de diciembre pero si se desea se pueden adaptar al calendario de Adviento. En el día de la Navidad el enfoque está en Lucas 2:1–20, el pasaje navideño tradicional. Después de la Navidad encontrarán seis artículos adicionales basados en Mateo 25–28. Estos pueden guiarlos hasta el final del año.

Es importante permitir suficiente tiempo para que el Espíritu Santo hable al tratar el material. Probablemente tomará de diez a veinte minutos para completar el viaje de cada día. Por supuesto pueden dedicarle más tiempo si lo desean. Aquí está un esquema sugerido:

1. Lean el pasaje (o capítulo entero) del día. Esto se puede hacer más temprano en el día y/o de forma individual si eso ayuda con la dinámica de su familia.

2. Lea el enfoque de las escrituras mencionado antes del artículo devocional. Puede considerar que todos hagan esto al unísono.

3. Lea el artículo. Si hay dos o más personas, pueden alternar párrafos o turnarse cada día.

4. Recita la oración que sigue al artículo. Si está con otros, que todos la lean juntos. Si hay niños pequeños, haga una paráfrasis que ellos puedan repetir.

5. Hablen sobre las preguntas en "Consideren".

6. Si desean, hablen y reflexionen sobre los puntos en "Para más estudio y reflexión".

7. Si es apropiado para su situación, completen las actividades y la discusión en "Para niños y familias". Si el tiempo es limitado, quizás quieran escoger esta opción en vez de "Consideren" o "Para más estudio y reflexión". (Sugerencia: Los padres querrán mirar estas cosas de antemano para prepararse.)

8. Si pierde un día, ¡no entre en pánico! Al día siguiente, siga el horario sin intentar recuperar lo perdido. Los artículos no dependen el uno del otro y hasta hay algo de repetición de ideas para reforzar. (Quizás querrán indicar un tiempo para ponerse al día con los que se perdieron, como un domingo por la noche o inclusive un día después de la Navidad.)

¿Están listos para hacer el viaje a *La Navidad con Mateo*? ¡Comencemos!

———— ✳ ————

1 DE DICIEMBRE

Mateo 1 – ¡Despierte!

Lea Mateo 1:18-25

Y despertando José del sueño, hizo como el ángel del Señor le había mandado, y recibió a su mujer. (Mateo 1:24)

¿Está tan familiarizado con la Navidad que se "adormece" durante el Adviento? Puede volverse repetitivo. Cada año se escuchan las mismas historias, se participa en las mismas actividades y se escucha la misma música. Si no tomamos en cuenta la razón por la temporada, puede ser casi como leer una guía telefónica.

Espere, ¡Mateo comenzó su evangelio así! Gran parte de Mateo 1 se ocupa del linaje de Cristo. Y aunque pueda parecer solo una lista de nombres, le animo a ponerle atención. Hay algunos "indeseables" entre los antepasados de Jesús, ¡así que podemos animarnos a creer que él *nos* acepta como parte de su familia también! Esa fue la buena fortuna de José, pero él casi la tiró antes de entenderlo de verdad. Afortunadamente leemos en el versículo 24: "Cuando José se despertó del sueño, hizo lo que el ángel del Señor le ordenó".

En su sueño José había tenido una visión. El ángel de Dios le había dicho que siguiera adelante y se casara con su prometida, María. Sin embargo José no podía llevar a cabo esa visión hasta despertarse.

Tampoco podemos hacerlo nosotros. En la temporada navideña experimentamos la presencia de Dios de forma especial. Hasta podemos sentir que Dios nos está hablando, pero el 26 de diciembre nos podemos encontrar sin cambio. Es porque dormimos. ¡El Adviento es un tiempo para despertar!

- ¡Despiértese a la presencia de Jesús en su vida y en el mundo!
- ¡Despiértese al llamado de seguirle confiadamente en fe y en acción audaz!
- ¡Despiértese a la obediencia que cambia la vida!

Que todos podamos ser despertados del adormecimiento navideño y responder como lo hizo José —¡haciendo lo que manda el Señor!

Oración: Señor, como José, soy a veces obstinado y cerrado. A veces estoy dormido. Ayúdame a despertar y a hacer lo que Tú me mandas. Amén.

Considere: En internet o en otros recursos, investiguen las fases diferentes del sueño (Fase 1—sueño superficial; Fase 2—sueño ligero; Fase 3— sueño profundo; sueño MOR). ¿Qué pasa en cada fase?

Espiritualmente, ¿en qué fase está? ¿Cómo se puede despertar de donde está? ¿Debería hacerlo?

Para más estudio y reflexión: Investigue el sueño en la Biblia y clasifique las referencias entre positivas y negativas.

Reflexione: ¿Cuáles son los beneficios del sueño? ¿Cuáles son los peligros? ¿Qué pasa si duerme demasiado? ¿Muy poco? ¿Espiritualmente cómo le aplica estas preguntas?

Para niños y familias: Hablen juntos sobre el sueño más gracioso que hayan tenido. Dejen que todos comparten sobre un sueño suyo.

Hablen de la importancia de tener un buen sueño todas las noches. Recuerden a la familia que no queremos pasar la temporada de la Navidad "dormidos". Es importante recordar por qué estamos celebrando la Navidad y de estar "despiertos" al experimentar esta temporada.

2 DE DICIEMBRE

Mateo 2 – Hombres y mujeres sabios

Lea Mateo 2:1-12

Vinieron del oriente a Jerusalén unos magos,
diciendo: ¿Dónde está el rey de los judíos, que ha nacido?
Porque su estrella hemos visto en el oriente,
y venimos a adorarle. (Mateo 2:1-2)

Muchos de nosotros crecimos con programas navideñas con la actuación de reyes magos en el pesebre. No importaba que no era exactamente fiel a la narrativa bíblica. ¿Cuántos de ustedes fueron uno de los "sabios del oriente" (o quisieron ser uno)? La historia de la Navidad no se puede completar sin ellos. ¿Qué tienen de especial los reyes magos u hombres sabios?

• Los hombres sabios *ven*. ¿Por qué los hombres sabios del oriente vieron la estrella mientras que los académicos religiosos en Jerusalén no se dieron cuenta de ella?

Quizás los académicos no la estaban buscando. Tal vez estaban preocupados por sus propios intereses. ¿Alguna vez no ha visto algo justo en frente de usted? Los hombres sabios abren sus ojos a lo que está en frente de ellos.

- Los hombres sabios *preguntan.* Quizás los académicos la vieron, pero pensaban que ya tenían todas las respuestas. Lo hombres sabios saben que no tienen todas las respuestas. Los hombres sabios no tienen demasiado orgullo para pedir direcciones. Hicieron una gran pregunta navideña: ¿Cómo llego a Jesús? Es una pregunta que tiene respuesta al abrir la Biblia.

- Los hombres sabios *llegan.* Su viaje pudo haber tomado de un mes hasta un año. Sin saber cuánto tomaría, aún llegaron; siguieron la estrella. No importa cuán lejos de Dios estemos, lo importante es dar la vuelta y comenzar a seguir a Jesús. Los hombres sabios llegan.

- Los hombres sabios *adoran.* Adoraron regocijándose en la presencia del Niño, postrándose y dándole regalos. Los hombres sabios adoran en la presencia del Señor al humillarse ante él. Los hombres sabios adoran con grande gozo por sus pecados perdonados. Los hombres sabios adoran al presentarle sus tesoros —sus corazones— a Dios.

¿Es usted una mujer sabia, un hombre sabio?

———— ✳ ————

Oración: Señor, te agradezco por la sabiduría que solo tú puedes dar y por tu invitación constante de sentarme a tus pies. Al seguirte, por favor dame la sabiduría de vivir una vida que te complazca. Crea en mí una obediencia y una sensibilidad al Espíritu para que pueda poner mi fe en acción de manera diaria. Amén.

Considere: ¿Es usted sabio(a) según los puntos anteriores? ¿De qué forma?

¿Qué quiere decir ser sabio según nuestros propios ojos? ¿Qué dice la Biblia en cuanto a eso?

Para más estudio y reflexión: En su comentario sobre el libro de los Proverbios, Earl C. Wolf escribe, "La sabiduría . . . es principalmente la aplicación de los principios de una fe revelada a las tareas de la vida diaria". ¿Está de acuerdo? ¿Cómo definiría la sabiduría?

Reflexione: ¿Qué quiere decir tener una "fe revelada"? ¿Mi vida está basada en tal fe? ¿Cómo se refleja eso en mi "vida diaria"? ¿Cómo no se refleja en mi vida?

Para niños y familias: Jueguen al juego de "Veo veo". Por ejemplo, el o la primer(a) jugador(a) puede decir: "Veo veo algo que ustedes no ven y es de color rojo". Túrnense para adivinar qué objeto es hasta que se den cuenta de cuál es. Dejen a todos tener un turno.

Después del juego, hablen de no perderse de la verdadera razón por la cual vino Jesús.

Al pasar por la temporada de Navidad, recuerden a todos "mirar" de cerca para ver lo que Dios les está mostrando.

※

3 DE DICIEMBRE

Mateo 3 – Producir fruto

Lea Mateo 3:1-12

Producid, pues, frutos dignos de arrepentimiento.
(Mateo 3:8)

Por dentro pensaba, *No me gusta el pastel de fruta.* Pero por fuera decía: "Muchas gracias por el pastel de fruta de Navidad", porque yo quería a la dadora, mi querida amiga Wilma.

Juan el Bautista fue lo primero emocionante en años en esos pueblos de tierra salvaje. Las multitudes se estaban enardeciendo. La gente venía a Dios en manada—estafadores, prostitutas, opresores y hasta religiosos. Todos querían algo de Dios. ¿O no? Juan quería que entendieran lo que estaba en juego, que no venían a Dios en sus propios términos, pero en los términos de Dios: "Produzcan frutos dignos de arrepentimiento".

Sin importar qué tan lejos estemos de Dios, lo importante es que demos vuelta para tener a Dios enfrente de nuevo. Eso es el arrepentimiento. Pero tiene que ser más que creer o saber las cosas correctas. Los religiosos que venían a Juan querían que fuera así. Querían experimentar la emoción del fuego, la satisfacción de saber que Dios estaba del lado de ellos. El problema era que no les interesaba hacer ningún cambio verdadero.

Jesús en su ministerio continuó en esta línea cuando dijo: —Si alguien quiere venir en pos de mí, niéguese a sí mismo, tome su cruz y sígame (Mateo 16:24). Mateo— el escritor de este evangelio— sabía de qué se trataba. Él dejó su puesto de recaudador de impuestos para seguir a Jesús. Produjo el fruto de arrepentimiento. Y—milagro de milagros— descubrió que amaba esta vida nueva.

¿Quiere escuchar de otro milagro? ¿Un milagro navideño? Descubrí que el pastel de fruta de Wilma era diferente a cualquier otro que había probado. ¡Me encantó!

Si todavía no lo ha hecho, esta Navidad, ¡pruebe el fruto de arrepentimiento!

———— ✳ ————

Oración: Señor, estoy tan agradecido que tú examinas y conoces mi corazón. Dame discernimiento para ver las cosas en mi vida de las cuales me debo arrepentir. Y Señor, arráigame en una comunidad que me haga responsable por responder a tu Palabra. Protege mi corazón de las mentiras de la culpa, la pena, el orgullo, la avaricia y la condenación que me impiden correr directamente hacia ti. Amén.

Considere: ¿Cuáles son los ingredientes del pastel de fruta? ¿Qué hay de especial o único de la fruta?

¿Qué hay de único del fruto de arrepentimiento? ¿Por qué les gusta a tan poca gente?

Para más estudio y reflexión: Lea 2 Corintios 13:5; Gálatas 5:15–26 y 1 Juan 1:5–2:6. Espere ante el Señor mientras le hable.

Reflexione: ¿Qué fruto de arrepentimiento necesita ser expresado en su vida en este momento?

Para niños y familias: Pidan a un adulto de la familia cortar una fruta en pedazos y que todos la prueben con los ojos cerrados. Adivinen todos qué tipo de fruta es. Hablen del sabor y la textura y cómo son pistas para saber la fruta que están comiendo. Que cada quien diga cuál es su fruta favorita.

¿Qué dice el pasaje de hoy cuando se refiere al "fruto" de arrepentimiento? (Una vez que le hayamos dado la espalda al pecado, nuestras vidas "producen" buen fruto —paciencia, benignidad, bondad, templanza, y así sucesivamente.)

------ ✳ ------

4 DE DICIEMBRE

Mateo 4 – De la oscuridad a la luz

Lea Mateo 4:12-17

El pueblo que habitaba en tinieblas vio gran luz,
y a los que habitaban en región de sombra de muerte,
luz les resplandeció. (Mateo 4:16)

Un verano mi familia tomó una semana de vacaciones en las montañas del centro de Tennessee. Nos quedamos en una cabaña de madera que tenía vista de un valle inmenso. No habían ciudades ni pueblos cercanos, las casas más cercanas estaban distantes y desocupadas y no habían farolas. La primera noche allí decidimos apagar todas las luces y salir a la plataforma de la cabaña. ¡Qué belleza lo que vimos! En esa oscuridad las estrellas centellaban brillantemente y se podía ver la Vía Láctea con facilidad. Además, fue también el tiempo de una lluvia de meteoros. Vimos veintenas de "estrellas fugaces". Siempre recordaremos esas noches oscuras en esa plataforma.

Hace dos mil años el pueblo de Israel también estaba en un lugar muy, muy oscuro. Sometidos a la injusticia a manos de sus ocupantes romanos, el pueblo judío necesitaba que brillara la luz de Dios. Luego llegó Jesús en la escena. Una Luz empezó a brillar en la oscuridad. Algunas personas acudían en manada a la Luz, alegres por la esperanza y la paz que él prometía. Otros, sin embargo, rechazaron la Luz, escogiendo en cambio permanecer en la oscuridad. Tenían miedo que la Luz expusiera su verdadera naturaleza. Para los que siguieron la Luz —al ser expuestos sus hechos — encontraron perdón y misericordia; obtuvieron la vida eterna.

¿En qué oscuridad está caminando hoy? ¿Qué sombra está proyectada sobre usted? Permita que esa oscuridad y sombra sean de bendición. Permita que le ayuden a ver la Vía Láctea y las estrellas fugaces del amor de Dios. Y cuando vea la Luz, no se esquive de Ella, pero llegue a Ella completamente y encuentre perdón, misericordia y paz.

———————— ✳ ————————

Oración: Señor, en esta temporada de luz, concédele a las personas que amo (incluyéndome a mí mismo) poder "para que abran sus ojos, para que se conviertan de las tinieblas a la luz y de la potestad de Satanás a Dios; para que reciban, por la fe que es en mí, perdón de pecados" (Hechos 26:18). Amén.

Considere: ¿Qué son las "estrellas fugaces"? Si no sabe, investíguelas. ¿Por qué nos emocionan tanto?

Para propósitos de llevar luz a la oscuridad, ¿cuál es mejor: estrellas fugaces, las estrellas, la luna o el sol?

Para más estudio y reflexión: Lea Juan 3:19; Mateo 6:22–23; y Juan 1:1–12.

Reflexione: ¿En dónde necesita Dios brillar la Luz de Navidad en su vida?

Para niños y familias: Hablen sobre los diferentes tipos de estrellas (como estrellas en el cielo, la Estrella de David, la estrella en su árbol de Navidad, estrellas de deporte, etc.). Dé una hoja de papel y un lápiz a cada persona y vean cuántos tipos de estrellas diferentes pueden dibujar.

Recuerden a los niños que cuando vean estrellas durante la temporada de Navidad, siempre deben recordar que Dios usó una estrella para anunciar el nacimiento de Jesús y que él fue una luz que brillaba en la oscuridad.

5 DE DICIEMBRE

Mateo 5 – ¡El bebé perfecto!

Lea Mateo 5:43-48

Sed, pues, vosotros perfectos, como vuestro Padre que está en los cielos es perfecto. (Mateo 5:48)

¡Es perfecta! Pensé al mirar a mi pequeña Jenny. Ese mismo pensamiento volvió dos años más adelante con Emily y luego tres años más tarde con Amy. ¿Esas hijas recién nacidas en realidad eran perfectas? ¿Podían caminar con estabilidad y hablar con claridad? ¿Podían conjugar verbos and subyugar emociones? ¡Claro que no! Pero eso no limitó el hecho de que fueran recién nacidas perfectas.

¿El bebé Jesús era perfecto? ¿Y cómo entiende su perfección? Como bebé, ¿estaba inquieto? Como pequeño, ¿se caía? Como adolescente, ¿se le olvidaba? Como hombre, ¿se frustraba? Así qué, ¿era perfecto? ¡Sí! En cada etapa del desarrollo humano, Jesús fue perfecto.

En el "Sermón del monte" Jesús fijó unas metas altas para la vida cristiana, pero ninguna más alta que lo que dijo en 5:48: "Sean perfectos como su Padre celestial es perfecto".

Solamente hay uno que puede presentarse perfectamente todo el tiempo, y ese es Dios. Nuestra presentación nunca puede alcanzar los altos estándares de la perfección de Dios. Eso está bien. La perfección que Jesús enseñó fue un corazón que anhela perfectamente a Dios.

¿Así que no tenemos esperanza? No, porque Jesús continuó explicando cómo una verdadera relación con Dios nos cambia de adentro hacia afuera. La perfección es la transformación del corazón cumplida por el Espíritu Santo en nosotros. Eso es lo que Jesús busca. Sabe si nuestros corazones están correctos, entonces pronto seguirán las acciones correctas.

¿Anhela complacer a Dios? ¿Quiere alcanzar los altos estándares de amor, santidad y pureza? ¿Quiere servir a Dios con todas sus fuerzas? Entonces corrija su corazón. Cuando el corazón está correcto entonces todo lo demás lo sigue.

———— ✷ ————

Oración: Señor, ayúdame a rendirme y a cederme a tu Espíritu. Es solo por la sangre de Cristo que soy transformado y renovado. Ayúdame a ver tu perfección a pesar de mis circunstancias y crea en mí un corazón que anhela reflejarte en pensamiento tanto en acción. Protégeme de poner mi identidad y valor en mi presentación y permíteme verme como tú me ves. Amén.

Considere: ¿Puede un día lluvioso ser perfecto? ¿Cómo?

¿De qué formas son perfectos los bebés? ¿Imperfectos? ¿Qué tal los adolescentes? ¿Adultos? La perfección bíblica tiene que ver con llegar a un término o cumplir con un propósito deseado. ¿Cómo altera esto sus respuestas anteriores?

Para más estudio y reflexión: Reflexione sobre Ezequiel 36:26–27 y Hechos 15:8–9. Estos versículos tratan de la purificación del corazón con el regalo del Espíritu Santo.

Reflexione: ¿Cree que Dios puede perfeccionar su corazón? ¿Le ha pedido que haga eso mismo a través de la morada del Espíritu Santo?

Para niños y familias: Hagan bolitas de papel y túrnense para tirarlas en un basurero. Permítanle a todos intentar llegar a un puntaje perfecto de 10 canastas seguidas. ¿Qué pasó cuando intentaron tener un puntaje perfecto? ¿Alguien pudo hacerlo?

Recuerden a los niños que aunque no podemos vivir sin cometer errores, sí es posible permitirle a Dios hacer nuestros corazones perfectos.

Tengan un tiempo de oración juntos pidiéndole a Dios que perfeccione al corazón de cada quien.

———— ✳ ————

6 DE DICIEMBRE

Mateo 6 – Sentimientos contradictorios

Lea Mateo 6:25-34

Por tanto os digo: No os angustiéis por vuestra vida,
qué habéis de comer o qué habéis de beber; ni por vuestro
cuerpo, qué habéis de vestir. ¿No es la vida más que el
alimento y el cuerpo más que el vestido? (Mateo 6:25)

Estábamos en el aeropuerto y yo tenía sentimientos contradictorios. Siempre he admirado los que están dispuestos a compartir el amor de Dios en el extranjero, y estaba muy emocionado por nuestro viaje de misiones. Pero no me gustaba viajar internacionalmente. ¡Mis cinco acres tranquilos en Bethel, Ohio, me eran muy adecuados! No siempre hacemos lo que se nos hace cómodo. Así que a veces tenemos que escuchar esas palabras: "No se preocupen".

Al partir para ese viaje de misiones a Costa Rica, Dios me recordó que no tenía que preocuparme —ni siquiera por predicar con un intérprete, ¡algo que nunca había hecho antes! Dios me recordó que nos había dado grandes líderes de equipo en Matt y Fay. Me recordó que él había puesto a misioneros en Costa Rica que nos ayudarían con nuestra misión.

Me pregunto cómo se sintió Jesús cuando hizo su viaje misionero en esa primera Navidad. ¿Tenía sentimientos contradictorios? ¿Debía escuchar: "No te preocupes"?

Cuando Jesús le dijo a sus oyentes: "No os angustiéis", no dijo: "No estén preocupados" ni "No tomen los pasos necesarios" ni "No trabajen". Así como nuestro viaje de misiones requirió planeamiento cuidadoso y trabajo para que resultara, así nuestras vidas merecen atención cuidadoso. ¡No estar ansiosos es muy diferente a no ser responsables! En el versículo 26 Jesús indica que los pájaros del cielo no están trabajando demasiado duro, pero Dios los alimenta. En efecto Jesús estaba diciendo: "Si Dios alimenta a los pájaros, que no siembran ni cosechan, ¿no les alimentará aún más a *ustedes* —los que sí siembran y cosechan?".

Así que haga su parte y no se preocupe. ¡Dios está en control!

———— ✳ ————

Oración: Señor, ayúdame a recordar que ganarte a ti vale la pena conceder todo mi control y comodidad. Tú eres más grande que mis temores. Permíteme abrazar tu bondad, compasión, paz e instrucción. Yo escojo tomar cautivos mis pensamientos y meditar en tu verdad a pesar de mis circunstancias. Amén.

Considere: ¿De qué formas inesperadas mostró Dios que estaba en control de la vida de Jesús en esa primera Navidad? ¿De qué formas le está mostrando que él está en control de su vida esta Navidad?

Si está ansioso sobre su vida, ¿qué debería hacer?

Para más estudio y reflexión: ¿Cómo le ayuda Gálatas 4:4 a aliviar su ansiedad? ¿Qué tal 1 Pedro 5:6–7? ¿Qué otros versículos le han ayudado en tiempos de ansiedad?

Reflexione: Piense en algunos de sus momentos de más ansiedad. ¿Cómo le dio paz Dios? Reflexione sobre Isaías 26:3: "Tú guardarás en completa paz a aquel cuyo pensamiento en ti persevera, porque en ti ha confiado".

Para niños y familias: Permitan a cada miembro de la familia contar sobre un tiempo en que él o ella se sintió ansioso(a) (como el primer día de clases en una nueva escuela, mudarse a un pueblo nuevo). Luego escuchen "Noche de paz" juntos o lean la letra.

¿Cómo trae paz al mundo y a nuestros corazones el advenimiento de Jesús?

Discuten cómo la esperanza de Jesús nos trae paz y tranquilidad.

———— ✳ ————

7 DE DICIEMBRE

Mateo 7 – Inspectores de fruto

Lea Mateo 7:7-12

Así que por sus frutos los conoceréis. (Mateo 7:20)

"No puedes juzgarme. No conoces mi corazón". ¿Alguna vez ha escuchado eso?

No es totalmente cierto. Podemos saber mucho de las personas por observar sus acciones. O, como dijo Jesús: "Así que por sus frutos los conoceréis".

- Muchas personas pueden plantear su *caso*. Ellos pueden decir las palabras correctas, pero las palabras probablemente son el indicador menos fiable de sus corazones.

- Otros pueden poner la *cara* correcta para las cosas. Ellos pueden enmascarar quienes son en realidad con un aura de espiritualidad. Jesús tenía un nombre para los enmascarados —¡hipócritas!

- Algunos sienten que son de la *raza* correcta. Sienten que tienen privilegios especiales y que se merecen trato especial por su estatus especial. ¡A Jesús nunca le impresionó la genealogía de nadie!

- Otros insisten en su *lugar*. Ellos se elevan su propia importancia. Jesús nos aconsejó "tomar el último lugar".

- Algunos quieren ser juzgados por sus intenciones, por lo que *persiguen*. Como niño yo a menudo le decía a mi madre: "Yo voy a...". Ella con frecuencia me recordaba que el camino a la pérdida está lleno de buenas intenciones. ¡Necesitamos ser hacedores de la Palabra!

No solo conoceremos a otros por sus frutos, pero *nos* podemos conocer por *nuestro* fruto. Pablo dijo: "Examinaos a vosotros mismos, para ver si estáis en la fe; probaos a vosotros mismos. ¿O no os conocéis a vosotros mismos? ¿No sabéis que Jesucristo está en vosotros? ¡A menos que estéis reprobados!" (2 Corintios 13:5). Esto es más que introspección. Él nos estaba instando a ser imparciales —a ver qué tipo de fruto está produciendo nuestra fe.

En la Navidad es especialmente fácil satisfacernos con sustituciones para la fe vital. Pero pregúntese: "¿Mi fruto pasa la inspección?".

———— ✳ ————

Oración: Señor, Señor… no quiero solamente *hablar* del reino de Dios. Quiero ser parte de—*dentro*—del reino. Ayúdame a producir el fruto del reino. Amén.

Considere: Una vez oí que alguien decía: "Puede que no sea juez, pero *sí* soy inspector de fruto". ¿Cuál es su respuesta a esa declaración? ¿Qué resultados negativos podrían estar asociados a ella? ¿Resultados positivos?

En cuanto a inspeccionar fruto, ¿juzga más severamente a otros o a usted mismo(a)?

Para más estudio y reflexión: En Gálatas 5 Pablo escribe sobre las *obras* de la carne y el *fruto* del Espíritu. ¿Qué, si hay algo, es significativo sobre las palabras que usa?

Reflexione: ¿Cómo puedo eliminar las obras de la carne? ¿Cómo puedo aumentar el fruto del Espíritu en mi vida? ¿Cómo se relacionan estas cosas?

Para niños y familias: Escojan a un miembro de la familia a quien "le toca" y pídale que cierre los ojos. Los demás escogen a otra persona que diga: "Feliz Navidad", cambiándose la voz. Vean si la persona con los ojos cerrados puede adivinar quién lo dijo. Jueguen más rondas hasta que todos hayan podido participar. Hablen sobre qué pistas revelaron la identidad de la persona que habló.

Así como nuestras voces no pueden escondernos por completo, nuestros corazones revelarán quiénes somos en realidad.

Es importante examinarnos para asegurar que estemos produciendo fruto bueno.

8 DE DICIEMBRE

Mateo 8 – ¿Qué tipo de persona es usted?

Lea Mateo 8:23-27

¿Qué hombre es éste,
que aun los vientos y el mar lo obedecen? (Mateo 8:27)

Después del nacimiento de Jesús, José y María lo presentaron en el templo según la ley. Allí se *maravillaron* cuando Simeón llamó a Jesús "luz para revelación a los gentiles y gloria de tu pueblo Israel"(Lucas 2:32).

Esa no fue la primera vez que Jesús causó que la gente se maravillara. Cuando Jesús calmó la tormenta, salvando las vidas de sus discípulos, se preguntaron: "Qué tipo de hombre es este?". Se maravillaron de él. Yo creo que ellos tenían un poco de temor mezclado con maravilla—un poco de lo negativo tanto como lo positivo.

"¿Qué tipo de persona es usted?". Esa pregunta se puede hacer desde dos perspectivas. Una perspectiva es negativa: "¿Cómo pudiste hacerme esto *a* mí? ¿Qué tipo de persona eres?". La otra perspectiva es positiva: "¿Por qué harías esto *para* mí? ¿Qué tipo de persona eres?".

¿Qué perspectiva quiere dejar en su paso? ¿Quiere dejar a la gente murmullando entre ellos: "¿Cómo pudo hacerme esto?". Las palabras enojadas, acciones por descuido y actitudes cáusticas dejan una atmósfera de ira, desconfianza y dolor. El mundo estará un poco más oscuro, un poco más sin esperanza, si somos malvados o moralistas. ¿No preferiría dejar la gente maravillándose entre sí: "¿Por qué haría eso por mí?". Una palabra amable, una obra servicial y un espíritu indulgente dejarán en su paso el aroma de Cristo. El mundo estará un poco más brillante, un poco más feliz, un poco más fácil de aceptar.

¿Qué tipo de persona es usted? Hoy causaremos que la gente pregunte eso —quizás no conscientemente, pero preguntarán. ¡Y nuestras vidas responderán! Durante esta temporada, ¡propongamos dejar a gente con la perspectiva positiva!

———— ✳ ————

Oración: Señor, ve conmigo hoy. Sé en mí esa Luz divina que hará que la gente se maraville y no murmulle. Quiero avanzar tu reino y tu bondad en todo lugar donde vaya hoy. Amén.

Considere: Piense en su día de ayer, si alguien le provocó pensar: *¿Cómo pudo hacerme eso?* ¿Qué puede hacer al respecto?

¿Qué tal sus acciones? ¿Dejó sentimientos heridos? ¿Qué debe hacer al respecto?

Para más estudio y reflexión: En Mateo 8:26, *antes* que Jesús calmara la tormenta, hizo y respondió a una pregunta. ¿Cuál fue la pregunta? ¿Cuál fue la respuesta? En Mateo 8:27, *después* de Jesús calmar la tormenta, los discípulos hicieron y respondieron a una pregunta. ¿Cuál fue la pregunta? ¿La respuesta?

Reflexione: ¿Qué significan *antes* y *después* arriba? ¿Qué tormentas están en la etapa de *antes* en su vida? ¿La etapa de *después*? ¿Cómo le pueden ayudar las respuestas de arriba?

Para niños y familias: Piensen juntos en una manera en que su familia podría hacer una buena obra para causar que alguien piense: "¿Por qué haría(n) esto por mí?". Luego decidan como familia cómo y cuándo la harán. Quizás puedan llamar por teléfono a alguien que necesita ánimo o hacer tarjetas navideñas para una persona confinada en algún lugar.

¿Qué tipo de familia somos? ¿Cómo queremos que la gente nos recuerde?

———— ✷ ————

9 DE DICIEMBRE

Mateo 9 – Oración atrevida

Lea Mateo 9:35-38

Entonces dijo a sus discípulos: "A la verdad la mies es mucha, pero los obreros pocos. Rogad, pues, al Señor de la mies, que envíe obreros a su mies". (Mateo 9:37-38)

¡Esa es una oración atrevida de hacer! Jesús se conmueve al ver multitudes de gente sin esperanza y si oramos fervientemente que él envíe obreros, ¡puede que nos envíe a *nosotros*! Note unas cosas en este pasaje:

¡Jesús fue proactivo y pro-gente!

• Iba haciendo el trabajo del reino. No se contentó con decir: "Que vengan a mí". Con frecuencia adoptamos la actitud que la gente puede encontrar su propio camino a Cristo.

- Vio a gente hostigada. "El hostigo" hoy podría venir en alguna forma de doxeo en redes sociales, amenazas de terror, miedo económico, cuidado de salud incierto y moralidad que se desmorona.

- Vio a personas desamparadas. La gente de su día no podía hacer nada contra la opresión de Roma. La gente de hoy se siente indefensa frente a las fuerzas de la burocracia gubernamental.

- Vio a gente con falta de dirección y cuidado —sin un pastor. En medio de su condición hostigada y desamparada, no tenían a nadie para mostrarles un mejor camino, nadie que se unía a ellos en su sufrimiento.

El corazón de Jesús fue conmovido. Así que le retó a sus discípulos:

- A ver las mismas cosas que él vio. ¿Tenemos ojos para la cosecha?

- A orar que Dios envíe a "pastores" a esas personas. ¿Nos sorprendemos por la falta de voces cariñosas que guían entre la gente que está alejada de Dios?

- A estar dispuestos a ir como obreros al campo de cosecha. Este reto fue implícita en vez de explícita. Pero todos sabemos las enseñanzas y la misión de Jesús que son un reto para que nosotros estemos dispuestos a ir y llevar ayuda.

La Navidad nos recuerda que Jesús fue proactivo y pro-gente. Que el Espíritu de Dios le rete a ser igual.

———— ✳ ————

Oración: Gracias, Señor, que tu corazón se mueve con compasión por los hostigados e indefensos —¡incluyéndome a mí! Envía obreros para compartir las buenas nuevas de tu amor. Ayúdame a tener un corazón como el tuyo, para que esté dispuesto a ir. Amén.

Considere: ¿De qué forma es abundante la cosecha hoy? ¿Hay abundancia de obreros?

¿Qué acciones en la Navidad indicarían que usted es proactivo y pro-gente?

¿De qué forma es la Navidad un buen tiempo para obrar en la cosecha?

Para más estudio y reflexión: ¿Qué ocurre inmediatamente después de que Jesús le instruyera a sus discípulos que hicieran esa oración atrevida en Mateo 9?

Reflexione: ¿Ha hecho esa oración atrevida que el Señor de la cosecha envíe obreros? ¿Cuál es su respuesta a usted? ¿Cuál es su respuesta a él?

Para niños y familias: Hablen como familia de cómo es en rcalidad ser obrero en la cosecha. Propongan ideas para vivir como obreros en la cosecha. Hagan una lista de sus ideas como familia y comprométanse a llevar a cabo una de sus ideas durante la temporada navideña.

————— ✳ —————

10 DE DICIEMBRE

Mateo 10 – Casa llena

Lea Mateo 10:3-16

"Yo os envío…" (Mateo 10:16)

Hace muchos años una canción popular del Trío Lanny Wolfe incluía la letra en que Jesús decía que su casa estaba llena pero sus sembradíos estaban vacíos, que sus obreros prefieren quedarse alrededor de la mesa en vez de salir al campo a cosechar el grano. Esa canción se necesita más hoy que entonces.

Dios siempre ha tenido trabajo para sus hijos. Adán fue puesto en un jardín de vida y belleza, pero Dios también lo llamó a cuidar de su creación. Noé y su familia fueron salvados de las aguas de inundación, pero Dios le dio a Noé la tarea de construir el arca. Abraham iba a ser el padre de naciones, pero Dios también le encargó bendecir las naciones.

La Biblia es la historia de Dios asociándose con personas para cumplir sus propósitos. Se asoció con Adán, con Noé y con Abraham. También se asoció con María y con José para tener y criar a Jesús. Así que cuando Jesús envió a sus discípulos en Mateo 10, simplemente continuaba este patrón de Dios.

¿Usted cree que los métodos de Dios han cambiado? ¿Él no todavía llama a personas y las envía para hacer la obra del reino? ¿Debería estar sorprendido que el llamado y envío de Dios le incluyan a usted? ¿Debemos pensar que servir a Dios es solamente ir a la iglesia los domingos y satisfacer nuestros apetitos espirituales y cumplir nuestros caprichos espirituales?

Antes de enviar a sus discípulos, versículo 1 dice que Jesús los llamo a él. En la Navidad recuerde que Dios nos llama a él para la adoración, para inspiración, para ánimo —pero también para instrucción. Recibimos nuestras "órdenes de marcha" y salimos a la misión. ¿A dónde le está enviando Dios?

———— ✳ ————

Oración: O Dios, al enviarme, recuérdame que "cuando vino el cumplimiento del tiempo, Dios envió a su Hijo, nacido de mujer y nacido bajo la Ley, para redimir a los que estaban bajo la Ley, a fin de que recibiéramos la adopción de hijos" (Gálatas 4:4–5). Y ayúdame a obedecer. Amén.

Considere: ¿Conoce personalmente a algún misionero? ¿Quién es y en dónde sirve? Ore por él o ella y su obra.

¿Cómo son diferentes estos misioneros a usted? ¿Cómo son iguales a usted? En base a eso, ¿cómo debería orar por usted mismo en este momento?

Para más estudio y reflexión: ¿Quién es William Carey? ¿Por qué se le llama "el padre de las misiones modernas"?

Reflexione: ¿Quién diría que es "el padre de misiones bíblicas"? Considere lo que se puede aprender de las vidas de estos misioneros: Jonás (Jonás 1–4); Felipe (Hechos 8); Pedro (Hechos 11); Bernabé, Juan Marcos y Pablo (Hechos 13–20).

Para niños y familias: Que todos compartan lo que piensan que quiere decir la palabra *misionero*. Después de que todos hayan compartido, busquen la definición de la palabra. ¿La definición concuerda con su entendimiento de lo que significa ser un misionero?

¿Cómo puede ser misionero en su propia comunidad? Hablen de maneras en que Dios puede usar a cada uno de ustedes como misioneros y cierren con un tiempo de oración pidiéndole que haga eso.

11 DE DICIEMBRE

Mateo 11 – ¿Agarró la onda?

Lea Mateo 11:25-30

Te alabo, Padre, Señor del cielo y de la tierra, porque escondiste estas cosas de los sabios y de los entendidos, y las revelaste a los niños... Nadie conoce al Hijo, sino el Padre, ni nadie conoce al Padre, sino el Hijo y aquel a quien el Hijo se lo quiera revelar. (Mateo 11:25, 27)

Mi amigo presumió: —¡Ya agarré mi título avanzado!

—¿En serio?— le pregunté, dudando.

—¡Sip!— dijo—. ¡Ya soy experto en usar perforadora de suelo!

• ¿Usted ha "agarrado" un título avanzado? No se preocupe:

- No tiene que obtener un título avanzado para "agarrar la onda". El camino de la salvación no es difícil de entender. El profeta del Antiguo Testamento dijo: "El que ande por este camino, por torpe que sea, no se extraviará" (Isaías 35:8). Todo lo que hay que hacer es tomar la mano de Aquel que nos guía.

- Dios desea que "agarremos la onda". Dios no ha hecho que sea difícil encontrarlo. El apóstol Pablo dijo en su sermón en Listra que Dios "si bien no se dejó a sí mismo sin testimonio, haciendo bien, dándonos lluvias del cielo y tiempos fructíferos, llenando de sustento y de alegría nuestros corazones" (Hechos 14:17). Dios desea que todos alcancen el conocimiento de la salvación.

- Por último, sin Jesús, nunca lo "agarraremos". En otro lugar Jesús dijo: "Yo soy el camino, la verdad y la vida; nadie viene al Padre sino por mí" (Juan 14:6). Podremos intentar todo tipo de rutas distintas, pero solo una lleva a Dios: Jesucristo. Todos los otros caminos son desvíos en el mejor caso y callejones sin salida en el peor caso.

Calleigh y Colton, los hijos de nuestro pastor de jóvenes, caminaron conmigo al estacionamiento después de la iglesia. Calleigh, de cinco años, instintivamente me agarró de la mano. Yo luego estiré la mano para Colton, de tres años, quien hizo lo mismo de una. El camino estaba al alcance. Hasta los niños lo "agarran". ¿Y usted?

La gente a menudo dice que "La Navidad es para los niños". Aunque podría argumentar lo contrario, Jesús dijo algo muy parecido cuando dijo que Dios le había revelado el reino a los niños pequeños y que los niñitos entrarían al reino. Ellos agarran la onda.

———— ✳ ————

Oración: Gracias, Señor, por revelarme el camino del reino. Hoy me niego a mí mismo y tomo mi cruz para seguirte a ti. Amén.

Considere: ¿Usted conoció a Cristo de niño, de adolescente o como adulto? ¿Cómo le fue "revelado" Cristo?

¿Qué entendió el cristianismo cuando primero creyó? ¿Ha cambiado su entendimiento? Si es así, ¿de qué modo?

Para más estudio y reflexión: Piense en los símbolos bíblicos en la Navidad. ¿Qué expresan del carácter de Cristo?

Reflexione: ¿Cómo se revela (representa) Cristo en nuestras celebraciones modernas de Navidad? ¿Cómo es de ayuda? ¿Dañino?

Para niños y familias: Vean qué rápidamente cada miembro de la familia puede decir las letras del alfabeto. ¡No teman ser graciosos! Tomen esta oportunidad de presentarles a sus hijos el ABC de la salvación:

A = ADMITE que todos somos pecadores.

B = BUSQUE a Jesús, quien murió por nuestros pecados.

C = CONFIESE que Jesús es el Señor y ofrécele su vida.

Tomen tiempo para orar juntos. Permitan a sus hijos la oportunidad de hacer la oración de salvación si todavía no lo han hecho. Incluso los niños que han hecho antes esta oración pueden encontrar consuelo en volver a entregarse a Jesús.

12 DE DICIEMBRE
Mateo 12 – "Cadaños"

Lea Mateo 12:9-14

Y le fue restaurada sana como la otra. (Mateo 12:13)

¿Sabe qué es un "cadaño"? Usted sabe —el que viene a la iglesia cada año solamente en la Navidad y el Domingo de Resurrección. A veces los llaman "Santa Clauses y conejitos". ¿Cuál es su problema? Quizá "su" problema es en realidad "nuestro" problema. Quizá la gente de la iglesia no está reflejando el amor y la vida de Cristo como debería durante todo el año. Quizá cuando los cadaños vienen sienten un poco de juicio.

En Mateo 12 Jesús conoció a un hombre "con una mano seca" en la sinagoga. (¡No todos en la iglesia están en condiciones perfectas!) Sabiamente, el hombre había rechazado dejar que su mano seca lo mantuviera fuera del lugar de adoración. Él estaba determinado ir a la iglesia sin importar lo que otros pensaran, dijeran o hicieran. ¡Él no era cadaño!

¿Qué causa cadaños en la iglesia?

- Algunas personas permiten que sus propias fallas las mantengan alejadas de la iglesia y de Dios. Ellos razonan: "Cuando tenga mi vida arreglada, entonces me acercaré a Dios". ¡Esa es una mentira de Satanás! Ninguna persona puede arreglarse suficiente la vida para acercarse a Dios.

- Otras personas permiten que las fallas de otros las mantengan alejadas de la iglesia: "¿Por qué debo ir a la iglesia? Ellos no son mejores que yo". ¡Esa es la verdad de Satanás! Muchas veces es cierto que las personas en la iglesia no son "mejores" que los que están alejados de Dios. Pero si usáramos la misma lógica, no iríamos al doctor ni al hospital, porque la gente allí está tan enferma —¡o más enferma!— como nosotros.

Esta temporada determine que usted va a mostrar el amor y la vida de Cristo todo el año. Y si ve a un cadaño, agregue una medida adicional de gracia. Después de todo, ¡usted la necesita tanto como todos los Santa Clauses y conejitos!

———— ✳ ————

Oración: Señor, me arrepiento de las veces en que he representado mal al cuerpo de Cristo y he buscado mi comodidad personal en vez del crecimiento de tu reino. Ayúdame a ser una parte saludable y activa del cuerpo de Cristo. Dame la sabiduría para crear relaciones intencionales y a ponerme de pie en unidad con mis hermanos y hermanas en Cristo. Amén.

Considere: Piense sobre la mano seca del hombre en la sinagoga. Descríbala. ¿Cómo era? ¿Qué podía hacer? ¿Qué no podía hacer, y por extensión, cómo dificultaba la vida y a la familia del hombre?

Ahora piense en sus propias manos espirituales. ¿Están secas? ¿De qué forma? ¿Cómo son sus manos espirituales? ¿Qué pueden hacer? ¿Qué no pueden hacer? ¿Cómo le están afectando su vida, familia e iglesia?

Para más estudio y reflexión: Haga un repaso rápido de los evangelios y note cada vez que Jesús ve enfermedad —sea física o espiritual. En base a su respuesta, ¿cuál es su actitud hacia la enfermedad?

Reflexione: ¿Usted, o alguien que conoce, está enfermo(a) espiritual o físicamente? ¿Cuál es la actitud de Jesús hacia usted o él o ella?

Para niños y familias: Reten a todos en la familia a hacer una tarea pequeña, pero con la estipulación que solamente la pueden hacer con una mano. Por ejemplo, intenten abrochar un botón, subir la cierre de una chaqueta, pelar un plátano o hacer un sándwich de mantequilla de maní con una mano.

¿Cómo dificulta la habilidad de completar una tarea usar solo una mano? Recuerden a todos que no deberíamos permitir que nuestros defectos (o los defectos de otros) nos mantengan alejados de Dios o de la iglesia.

———— ✳ ————

13 DE DICIEMBRE

Mateo 13 – Una buena historia

Lea Mateo 13:10-17

Por eso les hablo por parábolas. (Mateo 13:13)

¡Me encanta que mis nietos vengan a la casa para la Navidad! Hacemos mucha cosas juntos, pero una de sus favoritas es que *Papu* (¡así me llaman!) les cuente "La historia del mono". Es un muy buen cuento, pero lo han escuchado tantas veces que ahora lo saben de memoria. Empiezan a perder el interés o empiezan a contar sus propias versiones. A veces lo cuentan bien, a veces no.

La historia de la Navidad es así. Hemos escuchado la historia tantas veces que podemos perder el interés, o la volvemos a contar dándole nuestros propios significados.

Cada seguidor de Cristo tiene una historia que contar, y la gente "lee" esas historias todos los días. El apóstol Pedro

—él mismo un testigo a la historia de Jesús— dijo: "Al contrario, santificad a Dios el Señor en vuestros corazones, y estad siempre preparados para presentar defensa con mansedumbre y reverencia ante todo el que os demande razón de la esperanza que hay en vosotros" (1 Pedro 3:15).

A todos les encanta una buena historia —para escuchar y contar. Jesús reconoció esto, así que le dijo muchas cosas en parábolas a la gente. Una historia comunica un mensaje de forma mucho más poderosa que una recitación de hechos y fórmulas. La gente se identifica con y recuerda historias que le tocan el corazón.

Esta Navidad viva la historia de cómo Jesús le tocó el corazón. La gente la leerá y se acordarán. Haga fresca y significativa la Navidad al agregar algo a sus tradiciones navideñas. También, asegúrese que Jesús no será desplazado por sus celebraciones familiares.

Oración: Señor, mi historia quizás no sea tan emocionante como la de otros, pero te doy gracias por permitirme vivirla. Ayúdame a compartir la historia de tu amor con otros. Ayúdame a hacer eso con gentileza y respeto. Amén.

Considere: ¿Cuál fue su cuento favorito de niño? ¿Quién se lo contó? ¿Qué de esa historia le acercó al corazón — el narrador? ¿El suspenso? ¿El coraje? ¿La emoción? ¿El humor? ¿El amor? ¿La sorpresa?

¿Dios le ha hablado por una historia alguna vez? ¿De qué se trataba? ¿Qué hizo usted?

Para más estudio y reflexión: Busque las parábolas de Jesús (puede encontrarlas en línea en https://www.lasparabolasdejesus.org/parabolas.html o en otros recursos). ¿Cuál de ellas le es más significativa? ¿Por qué?

Reflexione: Imagine escribir una parábola de la Navidad. ¿Cuál es el mensaje que quiere expresar? ¿Quiénes son los personajes principales? ¿Cuál es el escenario? ¿Qué acciones ocurren? Ahora escríbala y compártala con alguien.

Para niños y familias: Jueguen al "juego del cuento". A cada persona le toca un turno para decir una palabra o frase y la siguiente persona agrega otra palabra o frase. Continúen hasta que todos hayan tenido un turno o sienten que el cuento ha llegado a una conclusión. Recuerden a los niños que Dios a menudo nos habla por historias.

Después de terminar el juego, cuente su propia historia sobre cómo llegó a conocer a Cristo. Permita que otros miembros de la familia compartan si quieren.

———— ✳ ————

14 DE DICIEMBRE

Mateo 14 - Solo

Lea Mateo 14:22-33

Y *cuando llegó la noche, estaba allí solo.* (Mateo 14:23)

La Navidad es un tiempo de ruido, ¿no? Cuando mi familia se reúne, somos diecinueve debajo del mismo techo. Juegos, risa, televisión, música y el llanto de bebés se unen en una cacofonía enorme. A veces tengo que retirarme a un lugar silencioso para estar solo.

¿Alguna vez se ha agotado por la gente? ¿Hay ocasiones cuando necesita estar a solas? Jesús tuvo esos tiempos. Las multitudes podían agotarlo. Hasta sus amigos más cercanos podían serle agobiantes. Entonces se iba a solas. En Mateo 14 experimentó tal ocasión y subió una montaña para estar solo —con Dios.

El tiempo a solas con Dios le ayudará durante la temporada navideña y por todo el año. Sin embargo, debe ser intencional, como Jesús:

- Jesús envió lejos a los discípulos, en esencia diciendo: "Quiero estar con ustedes, pero no ahora. Tengo algo más del cual me debo encargar". ¿Usted puede despedir a otras personas para que pueda estar con Dios?

- Jesús despidió a las multitudes que demandaban su atención constante. Eran tan importantes a Jesús como sus amigos y eran la razón por la cual había venido. Pero hasta las multitudes tenían que tomar segundo lugar a veces mientras Jesús estaba solo con su Padre. Hay ocasiones en todas nuestras vidas cuando hasta las demandas legítimas deben ceder el paso.

- Por último, Jesús subió la montaña, donde no sería interrumpido. Él necesitaba tiempo en silencio, sin distracciones para no solo hablar con sino escuchar de Dios. En lenguaje moderno, era sin televisión, sin teléfono, sin internet.

Que el "ruido" bendecido de la Navidad le recuerde de su necesidad de estar a solas con Dios.

LA NAVIDAD con MATEO   55

Oración: *Dulce oración, dulce oración, de toda influencia mundanal, elevas Tú mi corazón*—Señor, anhelo esos tiempos contigo. Ayúdame hasta en esta temporada ocupada a planear orar, en privado y con mi familia. Amén.

Considere: ¿Por qué es tan difícil *llegar* a estar a solas con Dios? ¿Por qué es tan difícil *estar* a solas con Dios?

¿Cuáles son los obstáculos más difíciles para que planee o pase tiempo a solas con Dios? ¿Cómo puede intencionalmente deshacerse estos obstáculos?

Para más estudio y reflexión: ¿Cuál es la definición de un introvertido? ¿Un extrovertido? ¿Cuál es usted? ¿Cómo le impacta eso al tiempo al solas con Dios?

Reflexione: Pregúntese: *¿Necesito pasar más tiempo a solas con Dios? ¿Qué cambiaría de mi vida si lo hiciera?*

Para niños y familias: Pregunte: "¿Preferirían paras tiempo a solas o con otras personas?". Denle a todos una oportunidad para compartir. Explique que aún si disfrutamos de mucho tiempo con otra gente, sigue siendo importante pasar tiempo a solas con Dios.

Hablen de cómo es el tiempo a solas con Dios (como orar, escuchar, leer la Palabra de Dios, memorizar las Escrituras Sagradas, cantarle alabanzas a Dios). Si sus hijos son de edad suficiente para que confíen que lo puedan hacer, denles cinco o diez minutos para pasarlos a solas con Dios. Si los

niños son menores, modelen este tiempo para ellos. Luego
reúnanse como familia y hablen de cómo pasaron el tiempo
a solas con Dios y sus pensamientos sobre la experiencia.

———————— ✳ ————————

15 DE DICIEMBRE

Mateo 15 – ¿Demasiado ocupado en la navidad?

Lea Mateo 15:29-31

*De manera que la multitud se maravillaba al ver
que los mudos hablaban, los mancos quedaban sanos,
los cojos andaban y los ciegos veían. Y glorificaban
al Dios de Israel.* (Mateo 15:31)

Era Nochebuena. Mis hijos estaban de visita, la oficina de la iglesia estaba cerrada y los empleados de la iglesia estaban celebrando con sus familias. Yo estaba en la iglesia preparando para el servicio de la Nochebuena. Sonó el teléfono: "Necesito gasolina para mi carro, pañales para el bebé y leche para mis hijos". Me da pena confesar que yo no estaba feliz. Sin embargo agarré unos pañales de la sala cuna de la iglesia y me encontré con la persona que llamó en la gasolinera, donde compramos gasolina y leche. ¡Poco sabía yo que esa iba ser la puerta por la que pasó una familia entera para conocer a Jesús!

Jesús siempre tenía algo que hacer, pero la gente seguía viniendo a él y estaban desesperados. Sus amigos y seres queridos estaban enfermos y se estaban muriendo. Estaban discapacitados e indefensos. Necesitaban un Sanador, un Salvador. Estas personas necesitadas no eran los promotores e impulsores de la sociedad. No eran ricos ni influyentes. Eran pobres y desamparados, sin esperanzas e insignificantes.

Cuando decimos que queremos que la gente venga a Jesús, ¿de quién hablamos? ¿Queremos a las personas que tienen las vidas organizadas, personas de gran influencia —es decir, personas que no necesitan mucha ayuda pero en cambio nos ayudarán a *nosotros*? Las multitudes que llegaban a Jesús junto al Mar de Galilea no se sintieron así. Llevaron a los mudos; Jesús les soltó las lenguas. Llevaron a los mancos; Jesús los sanó. Llevaron a los cojos; Jesús los hizo caminar. Llevaron a los ciegos; Jesús les abrió los ojos.

Jesús vino a buscar y a salvar a los perdidos, sanar a los enfermos, a liberar a los cautivos. La Navidad es un buen tiempo para traer estas personas a Jesús. ¿Lo haremos o estamos demasiado ocupados?

———— ✳ ————

Oración: Señor, perdóname por querer alcanzar a personas que son como yo para excluir a otros. En esta temporada, ayúdame a recordar a "los ciegos, los cojos, los mudos y muchos más". Amén.

Considere: ¿Usted nota a "los cojos, los ciegos, los mancos, los mudos" en su comunidad? ¿Qué está haciendo para compartir el amor de Cristo con ellos?

En la Navidad, ¿qué puede hacer para desarrollar actitudes y hábitos que le ayudarán a verlos y a alcanzarlos?

Para más estudio y reflexión: Busque las estadísticas demográficas de su comunidad. ¿Usted es parte de la mayoría o la minoría? ¿Quiénes son las personas menos parecidas a usted en su comunidad? ¿En la cultura? ¿En la economía? ¿En asuntos morales?

Reflexione: ¿Estoy "filtrando" mi comunidad antes de traerlos a Jesús?

Para niños y familias: Pasen tiempo mirando algunas fotos de la familia. Hablen de cómo son parecidos los miembros de su familia y cómo son diferentes. Luego usen un dispositivo con internet para mirar imágenes de personas de otros grupos étnicos, países o culturas diferentes.

Hablen del hecho que a menudo nos sentimos más cómodos con gente que conocemos bien y que son como nosotros. Pregunten: "¿Por qué es importante mostrar amor a las personas que son diferentes a nosotros? ¿Cómo nos mostró Jesús que esto es importante? ¿Cómo podemos mostrar amor a alguien que es diferente a nosotros?".

16 DE DICIEMBRE

Mateo 16 – ¿Quién dicen que soy yo?

Lea Mateo 16:13-20

—Y ustedes, ¿quién dicen que soy yo? —preguntó Jesús.
(Mateo 16:15, NIV)

Jesús le preguntó a sus discípulos: "Y ustedes, ¿quién dicen que soy yo?". Esa es una buena pregunta en la Navidad. Tristemente, muchas personas, si es que piensan de Jesús, se confunden por la razón por la cual estamos hablando de él: "¿Qué tiene que ver la Navidad con Jesús? La Navidad es para dar y recibir, para familia y diversión, para fiestas y desfiles". ¿Puede imaginar a Jesús observando, rascándose la cabeza?

¿Sería demasiado esperar en la Navidad que nos preguntemos, *¿Quién digo yo que es Jesús?*

¿Quién dice usted que es Jesús?

- ¿Ve a Jesús como un gran personaje, un héroe legendario que es tan perfecto, tan superior a usted que no le preocupas su vida, demasiado importante para siquiera notarle a usted?

- ¿Tiene la tentación de moldear a Jesús en su propio imagen —los mismos gustos musicales, ser del mismo partido político, molestarse por las mismas cosas? ¿Ese es Jesús —usted con superpoderes?

- Quizás piensa que Jesús es como un genio en una botella. Cuando se frota precisamente la botella, él le concederá tres deseos.

Al comienzo los discípulos vieron así a Jesús. Pero Jesús no quería nada de eso. Hasta cuando respondieron (correctamente) que Jesús era el Hijo de Dios, su perspectiva de qué significaba eso era desgraciadamente inadecuada. Cuando les dijo lo que haría el Hijo de Dios—servir y sacrificarse, someterse y sufrir—dijeron: "¡Jamás, Señor!".

Esta Navidad, ¿quién dice que es Jesús? ¿Es el Señor de su vida? ¿O sigue aún intentando tener el mando? Si verdaderamente vamos a seguir a Jesús, debemos negarnos a nosotros mismos, tomar nuestras cruces y seguirle en servicio y sumisión, sufrimiento y sacrificio.

———— ✳ ————

Oración: Señor, continúa revelándote a mí. Creo que mi deseo de seguir tu Palabra aumenta al mejor entender justo quién eres. Ayúdame a ser el líder-siervo compasivo igual que el Rey Jesús. Quiero conocerte y quiero que mi familia te conozca también. Amén.

Consideren: Responda a esta declaración: "La Navidad fue tradicionalmente una fiesta cristiana celebrando el nacimiento de Jesús, pero en la primera parte del siglo XX también se convirtió en fiesta familiar secular, observada por cristianos y no cristianos por igual" (Britannica.com).

¿Usted reacciona a eso de forma negativa? ¿Se puede ver de forma positiva? ¿Cómo?

Para más estudio y reflexión: Investigue la historia de la Navidad en la iglesia vs. en el mundo. ¿Cómo y cuándo perdieron las celebraciones navideñas seculares su conexión con las celebraciones navideñas cristianas? ¿Cómo ha respondido la iglesia? ¿Es correcto estar a la defensiva?

Reflexione: ¿Cómo saben mis vecinos qué pienso de Jesús? ¿Lo que pienso les hacer querer conocer a Jesús como yo lo conozco?

Para niños y familias: Jueguen a las charadas navideñas. Cada miembro de la familia escogerá un personaje navideño (como personaje de película o televisión) y actúa algo que ese personaje haría o diría. Los miembros de la familia intentarán adivina el personaje.

Después del juego, hablen con los niños sobre la importancia de saber quién es Jesús y que no deberíamos intentar convertirlo a lo que queremos que sea. ¿Cuáles son algunas características de Jesús que debemos imitar?

———— ✳ ————

17 DE DICIEMBRE

Mateo 17 – Aterrados

Lea Mateo 17:1-13

*Al oír esto, los discípulos se postraron sobre sus rostros
y sintieron gran temor.* (Mateo 17:6)

Mientras estaban en el monte con Jesús, Pedro, Jacobo y Juan vieron a Jesús "transfigurado delante de ellos, y resplandeció su rostro como el sol, y sus vestidos se hicieron blancos como la luz" (Mateo 17:2). Yo diría que eso fue una experiencia cima de la montaña, ¿no? Pero Dios aún no había terminado con ellos. Él les habló —¡en voz alta! Eso fue demasiado para el pobre de Pedro, Jacobo y Juan. ¡Cayeron al suelo, temblando de temor!

Yo creo que Dios nos quiere colmar con su presencia. Pero él sabe que no estamos listos. Sabe que sería como darle fuego a un niño de tres años. Estaríamos consumidos. Su misericordia impide que veamos su gloria. Pedro, Jacobo y Juan fueron los únicos remotamente listos ese día e incluso ellos estuvieron aterrorizados.

Una vez leí que en nuestras mentes Dios se ha mutado de Fuego Santo a Gran Compañero. Él no es una Deidad Santa, pero un Gran Compañero que inspira diversión. Deambulamos entrando y saliendo de su santuario sin esperar que mucho pase, en realidad no tan preparados para una audiencia con este Otro Aterrador.

¿Esta Navidad quiere que la gloria de Dios resplandezca a su alrededor? Si es así, prepárese a estar aterrado —

> *«Había pastores en la misma región, que velaban y guardaban las vigilias de la noche sobre su rebaño. Y se les presentó un ángel del Señor y la gloria del Señor los rodeó de resplandor, y tuvieron gran temor"* (Lucas 2:8–9).

Oración: Señor, perdóname por ser tan relajado en cuanto a tu presencia. Ayúdame a acercarme a ti con reverencia y asombro como lo hicieron los pastores hace milenios. Amén.

Consideren: ¿Cuál hubiera sido su reacción si hubiera estado en la ladera con los pastores esa primera noche de Navidad?

¿Cómo reaccionaron los pastores en las colinas de Belén y los discípulos en el Monte de Transfiguración a la gloria de Dios? ¿Cómo deberíamos nosotros reaccionar a ella? ¿A su ausencia?

Para más estudio y reflexión: Lea Éxodo 19, Éxodo 34:1–9 y 1 Reyes 18:20–39. ¿Qué tienen en común? ¿Cómo son diferentes las circunstancias y los resultados?

Reflexione: ¿Cuándo sintió más fuerte la presencia y gloria de Dios en su vida? ¿Anhela otra experiencia parecida o espera que nunca vuelva a ocurrir?

Para niños y familias: Pregunten: "Cuando piensan hacer un viaje, ¿qué hacen para prepararse?". Hablen de este proceso, por ejemplo —crear una lista de las cosas que empacar, hacer reservaciones, preparar la ropa, etc. Recuerden a la familia que entrar en la presencia de Dios es algo por lo cual deberíamos prepararnos, parecido a cuando vamos de viaje.

Discuten:

- ¿Cómo nos preparamos para entran en la presencia de Dios? Permitan a todos compartir. Enfaticen que nos podemos preparar para la presencia de Dios al abrirnos a él y lo que quiere hacer en nuestras vidas.

- Recuerden a todos que no deberíamos ser demasiado relajados en cuanto al entrar en la presencia de Dios porque él es digno de nuestro respeto.

———— ✳ ————

18 DE DICIEMBRE

Mateo 18 – ¿Qué piensa?

Lea Mateo 18:1-14

¿Qué os parece? Si un hombre tiene cien ovejas y se
descarría una de ellas, ¿no deja las noventa y
nueve y va por los montes a buscar la que se
ha descarriado? (Mateo 18:12)

Póngase en esta situación. Tiene un rebaño de cien ovejas. Noventa y nueve están a salvos en el redil con usted. Está allí para mantenerlas, protegerlas y guiarlas. Pero un ayudante se acerca y le dice: "Esa oveja que siempre se separa... bueno, ¡lo ha hecho de nuevo!". ¿Qué haría usted? ¿Dejaría a los noventa y nueve? ¿Pondría en riesgo a muchas para salvar a una? ¿Podría explicar eso a los detractores y los que dudan? ¿Qué piensa?

Sabemos qué pensó Jesús, el Buen Pastor. Dejó a las comodidades del cielo, dejó la casa de su Padre, para "ir a buscar la que se descarrió". Me alegra que lo hiciera, porque yo fui esa. Estaba perdido y no tenía forma de encontrar el camino para volver al redil.

En este día de desinterés y hasta hostilidad hacia Cristo y la iglesia, es tentador agruparnos, mirar hacia dentro, contar las pérdidas y curarnos las heridas. Pero Jesús no adoptó esa actitud, ¿cierto? La Navidad es un buen tiempo para ser recordados que él no quiere que tengamos esa actitud tampoco. Debemos extender el reino, no encerrarlo. Debemos buscar las ovejas perdidas, no olvidarlas.

¿Qué piensa?

Oración: Tú llegaste por mí, querido Jesús. Muchas gracias por llegar a a mí cuando yo no podía llegar a ti.

Considere: Recuerde cómo vino a conocer a Cristo. ¿Era un niño? ¿Un adolescente? ¿Un adulto? ¿Quiénes fueron los "protagonistas principales" en ese proceso? Agradécele a Dios la influencia de ellos y, si es posible, comuníquese con ellos por una nota, una llamada, o una visita de agradecimiento.

En la parte superior de una hoja de papel escriba estas cuatro categorías: Familia, Amistades, Trabajo/Escuela, Vecinos. Ahora debajo de cada categoría escriba los nombres de personas que son "ovejas perdidas". ¿Qué puede hacer para llevarlas al Buen Pastor?

Para más estudio y reflexión: Investigue cuántas iglesias hay en los Estados Unidos. ¿Qué pasaría si cada una alcanzara a diez "ovejas perdidas" en este año entrante?

Reflexione: ¿Cómo puedo ser parte de mi iglesia que alcance a estas "ovejas perdidas"?

Para niños y familias: Consigan un frasco vacío u otro contenedor. Luego den a cada miembro de la familia un pedazo de papel. Pregunten: ¿Quién es alguien a quien podría "buscar" para Jesús? Permitan tiempo para pensar y compartir. Que cada miembro de la familia escriba en el papel el nombre de alguien que quiere influenciar para Cristo. Pongan estos papeles en el frasco o contenedor y considere ponerle una etiqueta, como "Nuestro frasco de oración". Oren juntos por estas personas.

Coloquen el frasco o contenedor en una ubicación visible dentro de su hogar para recordarle a todos que sigan orando por estas personas y para ponerse en contacto con ellas activamente.

———— ✳ ————

19 DE DICIEMBRE

Mateo 19 – Una navidad perfecta

Lea Mateo 19:16-22

Jesús le dijo: "Si quieres ser perfecto, anda, vende lo que tienes y dalo a los pobres, y tendrás tesoro en el cielo; y ven, sígueme." (Mateo 19:21)

"¡Esa fue una Navidad perfecta!". ¡No estoy seguro si en alguna ocasión he podido decir eso! Generalmente algo nos sale mal. Un año el jamón navideño resultó estar podrido. Otro año todos tuvieron que dar media vuelta debido a la influenza. Alguien se enferma casi cada año. (Con diecinueve personas, ¿cuándo *no* hay alguien con alguna enfermedad?) ¡La perfección—aún en la Navidad—es escurridiza!

Una vez había un hombre que buscaba la perfección espiritual. Jesús le volteó el mundo cuando dijo: *Podrías ser perfecto, pero tendrías que abandonar todo para alcanzarlo.*

Jesús le trató al hombre su:

- **Voluntad**: "si quieres...". ¿En realidad quiere esto? Si no lo desea de todo corazón y alma, no lo conseguirá.

- **Necesidad**: "ser perfecto...". La Biblia indica que la perfección es obtenible y obligatorio: "Sed, pues, vosotros perfectos, como vuestro Padre que está en los cielos es perfecto" (Mateo 5:48). La palabra griega traducida a *perfectos* quiere decir "llevado a culminación". No tenemos perfección como Dios, pero podemos ser completos en los ojos de Dios.

- **Obstáculos**: "lo que tienes...". Jesús conoce lo que hay en una persona (Juan 2:25), y podía leer a este hombre: *A este le gusta el dinero y el prestigio que trae.*

- **Solución**: "anda... vende... da...". Soltar a todo lo que tiene mayor reclamo de su corazón que en reclamos del reino. Si le mantiene fuera del reino, no hay valor en tenerlo.

- **Recompensa**: "tendrás tesoro en el cielo". Cuando ha renunciado a todo lo demás, su tesoro está en el cielo.

- **Vida**: "ven, sígueme...". Ganar al reino no es tanto una decisión por Cristo como vivir una vida con Cristo.

¿Quiere tener una Navidad y año siguiente "perfectos"? ¡Para el corazón totalmente entregado es posible!

———— ✳ ————

Oración: Señor, yo quiero que mi vida te refleje a ti. Ayúdame a no dejarme llevar por la distracción de la gratificación temporal sino enfocarme más en las implicaciones eternas de mis acciones. Amén.

Considere: ¿De qué modo fue perfecta la primera Navidad en Belén? ¿De qué modo fue menos que perfecta?

Repase los seis requisitos anteriores: voluntad, necesidad, obstáculos, solución, recompensa y vida. ¿Cómo cumplieron con esos requisitos el Padre y el Hijo para que la Navidad fuera perfecta?

Para más estudio y reflexión: Describa su idea de una Navidad perfecta. ¿Qué tendría que hacer para que se cumpliera?

Reflexione: Extienda estos requisitos para hacer una Navidad perfecta a hacer una vida perfecta.

Para niños y familias: Recuerden a la familia que el pasaje de hoy trata de un joven que estaba demasiado apegado a sus riquezas. Hablen sobre qué barreras podrían no estar dejando que su familia tenga una más "perfecta", o completa, relación con Cristo.

Decidan como familia hacer algo que llevará su relación con Cristo más hacia la perfección. Algunos ejemplos: Usen el dinero que normalmente se gastaría en una comida en un restaurante para ir de compras para artículos para un banco de alimentos o refugio para las personas sin hogar; en vez de mirar un programa de televisión favorito, usen este tiempo para visitar a un vecino solitario de edad avanzada; dejen los dispositivos electrónicos por un día y dediquen este tiempo a adoración, oración y estudio de la Palabra de Dios en familia.

———— ✳ ————

20 DE DICIEMBRE

Mateo 20 – Generosidad envidiosa

Lea Mateo 20:1-16

Toma lo que es tuyo y vete; pero quiero dar a este último lo mismo que a ti. ¿No me está permitido hacer lo que quiero con lo mío? ¿O tienes tú envidia, porque yo soy bueno? (Mateo 20:14–15)

"Él todo lo apunta, él todo lo ve. Y sigue los pasos estés donde estés! Santa Claus llegó a la ciudad" (Coots y Gillespie, 1934, arreglo en español por Luis Miguel, 2006). Algo sobre esa canción resuena con nosotros —¡si somos los buenos!

Pero Jesús, el verdadero santo de la temporada, opera de forma diferente a Papá Noel.

En esta parábola de la viña, considere:

- El dueño tomó la iniciativa (vv. 1, 3, 5, 6). Salió temprano para contratar obreros. Después de contratar a esos obreros, salió de nuevo para contratar más. Salió otra vez y de nuevo para contratar aún más. ¿No se alegra que Jesús ha tomado esta iniciativa? Esto es la gracia preveniente.

- El dueño escogió (v. 14). Jesús dijo: "No me elegisteis vosotros a mí, sino que yo os elegí a vosotros y os he puesto para que vayáis y llevéis fruto" (Juan 15:16). A veces escuchamos el eslogan que dice "¡Escojo a Jesús!", ¡pero la realidad es que toda persona salvada primero fue escogida por Jesús! ¡Esta es la gracia preveniente de Dios!

- El dueño dio (v. 14). La Biblia dice que "Toda buena dádiva y todo don perfecto desciende de lo alto" (Santiago 1:17). Los obreros que fueron escogidos no estaban ganando su salvación. Los que llegaron a la hora undécima recibieron lo mismo que los que respondieron al comienzo del día. Todo fue un regalo del dueño. Si hubiera escogido obreros a las 11:59, quienes no habían podido siquiera llegar a la viña, ellos también hubieran sido salvos. Esto es la gracia preveniente de Dios.

Que esta Navidad le recuerde que Dios sí ha hecho una lista. Mi nombre está en esa lista. Su nombre está en esa lista. ¿Ha respondido a la gracia de Dios?

———— ✳ ————

Oración: Señor, gracias por tus buenos regalos. Te humillaste por mí. Me has dado el regalo de la salvación y pagaste el precio por mí. Es un regalo que nunca podría haber merecido o ganado por mi propia cuenta. Es sólo por ti que soy salvo. ¡Gracias porque tú buscas mi corazón! Amén.

Considere: ¿Cómo tomó Dios la iniciativa para salvarle a usted, en general y específicamente en su vida? ¿Cómo ha respondido a la gracia de Dios?

¿Hay alguien que conoce que necesita oír la historia de la Navidad como una historia de gracia? ¿Qué hará para compartir esa historia?

Para más estudio y reflexión: Escuche o lea la letra de la canción "Santa Claus llegó a la ciudad". ¿Cómo refleja o contradice esta letra a la gracia de Dios?

Reflexione: ¿En mi vida qué indicaría que veo a Dios como Santa Claus—o que lo veo como el dueño del viñedo como en esta parábola? ¿Cómo debo responder a este conocimiento?

Para niños y familias: Como familia, busquen en internet las formas en que la figura de Santa Claus/Papá Noel se representa en otras culturas distintas a la suya. Permitan que cada miembro de la familia comparta lo que aprendió que le fue interesante o sorprendente.

Hagan una lista de las maneras en que Dios es como Santa Claus. Hagan una lista de las diferencias entre Dios y Santa Claus. Enfaticen que Dios en su gracia inmensa nos ha escogido y nos ha dado generosamente.

———— ✳ ————

21 DE DICIEMBRE

Mateo 21 – ¿Qué dice él?

Lea Mateo 21:28-32

¿Cuál de los dos hizo la voluntad de su padre?

(Mateo 21:31)

Matt, nuestro líder del viaje de misiones, se aseguró de que teníamos listos nuestros pasaportes, y nos dio instrucciones específicas sobre cómo navegar por la aduana al volver a los Estados Unidos. Esas instrucciones no incluyeron decir cosas ingeniosas. De hecho, ¡nos dijo que no dijéramos nada mas que responder a las preguntas! "Estos hombres son serios", dijo. Al pasar por la aduana, ¡me di cuenta rápidamente que sí eran muy serios! Y les puedo asegurar que no pude haber inventado algo para pasar por la aduana. Pero no tuve que hacerlo. Tenía mi pasaporte listo y el agente me dijo: "Bienvenido a casa".

No es lo que le decimos a Dios lo que importa. En cambio, es lo que nos dice a nosotros: "Bien, buen siervo y fiel;… Entra en el gozo de tu señor" (Mateo 25:21). En Mateo 21 Jesús cuenta la historia de un hombre que mandó a sus dos hijos trabajar en su viñedo. Uno dijo que lo haría —y no lo hizo. El otro dijo que no lo haría —y lo hizo. "¿Cuál de los dos hizo la voluntad de su padre?" (v. 31).

La gente religiosa del tiempo de Jesús pensaba que por decir las cosas correctas sobre Dios estarían bien. Pero Jesús derribó su superioridad moral: "De cierto os digo que los publicanos y las rameras van delante de vosotros al reino de Dios" (v. 31). Jesús les mostró que no son los respetables o los que dicen lo correcto que son aceptables. Son los quebrantados que se humillan en arrepentimiento, fe y obediencia que son aceptados.

La Navidad es un recordatorio que Jesucristo —quien vino en humildad y obediencia— nos ha mostrado el camino al Padre. ¡Nos ha dado el pasaporte! ¿Tiene su pasaporte listo?

Oración: Señor, a veces paso por alto las instrucciones porque supongo que yo sé qué hacer. Tu Palabra se debe leer, conocer y seguir. Ayúdame a hacer exactamente eso. Amén.

Considere: ¿Es más fácil salir de México o entrar a los Estados Unidos? Me han dicho que una vez que una persona pisa el lado norte del Río Grande, están en los Estados Unidos. Dependiendo de la época del año, es relativamente fácil. Pero luego se enfrentan al muro de la frontera. Eso es mucho más difícil. Puede decir: "Forman parte de la misma cosa", y yo estaría de acuerdo. Pero no se puede llegar a los Estados Unidos sin salir de México. No puede entrar al reino de Dios sin dejar atrás su vida de pecado. ¿Ha dejado al pecado y entrado? ¿Ha hecho la voluntad del Padre o solamente dicho que lo haría?

Para más estudio y reflexión: Investigue los requisitos para entrar a los Estados Unidos. ¿Qué le pasa a las personas que llegan a la aduana sin pasaporte?

Reflexione: 1 Tesalonicenses 4:3 dice, "La voluntad de Dios es vuestra santificación". ¿Estoy viviendo en la voluntad de Dios?

Para niños y familias: Pregunten a la familia: "Si hubiera un boleto para entrar al cielo, ¿qué apariencia tendría?". De una hoja de papel a cada quien y cinco minutos para diseñar un boleto al cielo. Permita que cada quien comparta su idea sobre cómo sería.

Recuerden a la familia que nuestro "boleto" al cielo es Jesús. Él pagó nuestras "entradas" y compró nuestros "boletos". ¡Todo lo que hay que hacer es aceptar esto y vivir para él!

———— ✳ ————

22 DE DICIEMBRE

Mateo 22 – Bienvenido y deseado

Lea Mateo 22:1-14

*"Id, pues, a las salidas de los caminos y llamad a
la boda a cuantos halléis." Entonces salieron los siervos
por los caminos y reunieron a todos los que hallaron,
tanto malos como buenos, y la boda se llenó de invitados.*
(Mateo 22:9-10)

El rey quería que asistieran el mayor número posible
a la boda de su hijo. Así que envió a sus siervos fieles
a llamar a los que se habían invitado. Estos siervos,
sin embargo, fueron ignorados y abusados. A algunos hasta
mataron. Deseoso de que la gente celebraran con él y su
hijo, el rey envió siervos de nuevo para "invitar a tantos
como puedan encontrar" (v. 9). Eso hicieron los siervos,
alcanzando a los buenos y a los malos —¡y el banquete fue
un gran éxito!

Es obvio quienes son los personajes en esta parábola. El rey es Dios el Padre. Quiere que todos vengan al banquete de la boda. Así que ha enviado a sus siervos fieles con las buenas nuevas que todos son bienvenidos y deseados —*¡Por favor venga ahora!* Los que están siendo invitados representan a todas las personas del mundo, tantos buenos como malos. Dios no hace exclusión de personas pero está dispuesto que todos lleguen al arrepentimiento y que entren al reino. No hay nadie fuera del alcance amoroso y del propósito de Dios. Algunos lo rechazarán y abusarán, pero todos son bienvenidos y deseados.

¿Y qué del hijo en esta historia? En Mateo 21 Jesús explicó que él también había sido enviado por su Padre. Pero los a quien fue enviado lo rechazaron: "Éste es el heredero; venid, matémoslo y apoderémonos de su heredad" (v. 38). La Navidad nos revela el gran amor del Padre que envió a su Hijo a batallar por nuestras almas. Y debido a eso, hemos sido invitados al banquete eterno.

Esta Navidad al considerar al Niño de Belén, ¡recuerde que usted es bienvenido y deseado!

———— ✳ ————

Oración: Padre, perdóname por pensar que algunos simplemente no son lo suficientemente buenos para ser invitados. Yo sé que invitas a todos, ¡hasta a mí!. Úsame para reunir a "tantos malos como buenos" para que el cielo se llene de invitados. Amén.

Considere: ¿Alguna vez ha sido el invitado en la celebración de Navidad u otro evento especial de otra familia? ¿Cómo se sintió? ¿Qué hicieron los anfitriones para que se sintiera bienvenido y deseado?

¿Alguna vez ha invitado a una persona ajena a una celebración de su familia? ¿Cómo se sintieron los otros miembros de la familia en cuanto a ello? ¿Cómo ayudó usted que todos disfrutaran del tiempo juntos?

Para más estudio y reflexión: ¿Qué hace que la gente no se sienta deseada por Dios? ¿No deseada en la iglesia? (Puede encontrar muchas listas en línea sobre por qué la gente no va a la iglesia. Hay que indagar un poco más para encontrar por qué no se sienten deseadas, pero vale la pena "cavar".)

Reflexione: ¿Lo anterior me hace querer ponerme a la defensa? ¿Algunas razones son hipócritas en sí? ¿Qué puedo hacer para que la gente se sienta bienvenida y esperada? ¿Hay áreas en las que no cederé para que se sientan bienvenidas? ¿Cuáles son?

Para niños y familias: Ofrezcan una selección de refrigerios a la familia, estipulando que cada persona sólo puede escoger un artículo. Por ejemplo, permitan que cada persona escoja una galleta o un poco de palomitas de maíz.   Recuerden a todos que a veces hacemos decisiones en cuanto a incluir a la gente. El pasaje de hoy señala que todos somos escogidos por Dios.

Que todos piensen en una persona que conozcan que puede sentirse no escogida o excluida por otros. Hablen de maneras en que pueden hacer que estas personas se sientan más incluidas y amadas.

———— ✳ ————

23 DE DICIEMBRE

Mateo 23 – El más grande de toda la historia

Lea Mateo 23:1-15

El que es el mayor de vosotros sea vuestro siervo,
porque el que se enaltece será humillado, y el que se
humilla será enaltecido. (Mateo 23:11-12)

Lana y yo hace poco nos compramos un "regalo navideño temprano": un carro. (Hacemos eso mucho para los regalos —nos regalamos cosas costosas que íbamos a comprar de todos modos. ¡Hace que sea más divertido y podemos hablar de los grandes regalos navideños que recibimos!) Después de cerrar el trato del carro, la vendedora, Janetta, me pidió que completara una reseña por Google. Le dije inmediatamente que ella era la vendedora más grande, pensando que sabría qué quería decir. Su semblante me indicó que no entendía y yo rápidamente le expliqué que quería decir "la más grande de toda la historia". ¡Eso la dejó satisfecha!

Los fariseos del tiempo de Jesús estaban convencidos que ellos eran los más grandes de la historia. Se buscaban para ellos mismos privilegios especiales, beneficios y elogios. Jesús rápidamente los corrigió y les dijo que los verdaderos más grandes de la historia se humillarían y que servirían a otros.

Jesús, quien verdaderamente fue el más grande de toda la historia, no consideraba que fuera debajo de su dignidad visitar a los enfermos, los moribundos, los poseídos y, sí, los pecaminosos. Él no buscaba la fama. Buscaba cambiar vidas. Y eso es lo que quiere que hagamos también. Si queremos ser los más grandes de toda la historia, nuestro enfoque debe ser servir a otros. Puede que nadie más nunca lo sepa. Está bien. Jesús ve cada acto de amabilidad, cada acto de servicio, cada oferta de ayuda.

Estamos disfrutando de nuestro carro nuevo, pero no es el mejor de la historia. Cuando viene al mayor de todos los regalos de Navidad, sabemos quién es el mayor, ¿verdad? ¡Es Jesús! ¿Ha recibido *ese* regalo navideño?

Oración: Señor, a veces servir a otros no me viene naturalmente. Tú me llamas a valorar a otros más que a mí mismo. Ayúdame a amar y a servir a las personas a mi alrededor como tú lo harías —lleno de amor, sin quejas y sin pensar en elogios públicos. Amén.

Considere: ¿Cómo mostró Jesús, el más grande de la historia, la servidumbre? Lea Filipenses 2:1-11. ¿Cómo se puede tener la misma mente de Cristo?

¿Cuáles son unas maneras prácticas en que puede servir a otros hoy? ¿La temporada navideña le ofrece oportunidades únicas para servirle a otros? ¿Cómo responderá específicamente a ellas?

Para más estudio y reflexión: Investigue "liderazgo de siervo" en línea o reflexione sobre cómo piensa que es. ¿Va "contracorriente" en su mente? ¿Cómo mostró Jesús el liderazgo de siervo? ¿Cómo puedo usted mostrar liderazgo de siervo?

Reflexione: Kathleen Patterson en su tesis de 2003 identificó a siete facetas del liderazgo de siervo: amor, humildad, altruismo, visión, confianza, empoderamiento y servicio. ¿En qué áreas es usted fuerte? ¿Débil? ¿Qué puede hacer para mejorar?

Para niños y familias: Recuerden a la familia que en las escrituras de hoy aprendemos que para ser los primeros debemos servir a otros.

Hablen de formas para hacer esto. ¿Cómo podemos servir a otros en nuestros hogares? ¿En nuestras escuelas? ¿En nuestras iglesias?

24 DE DICIEMBRE

Mateo 24 – ¿Está listo?

Lea Mateo 24:36-44

Por tanto, también vosotros estad preparados,
porque el Hijo del hombre vendrá a la hora que no penséis.
(Mateo 24:44)

La Navidad casi llega. ¿Está listo?

- María y José lo estaban. Le habían creído a Dios y mantenido su fe durante un viaje arduo.

- Los pastores no lo estaban. Fueron tomados totalmente por sorpresa con el anuncio angelical.

- Los reyes magos lo estaban. Viajaron por meses para darle la bienvenida a Jesús.

- Herodes no lo estaba. ¡Pensaba que *él* era el rey de los judíos!

Estar listos para la primera venida de Jesús era importante, ¡pero estar listos para su *segunda* venida es aún más!

En Mateo 24 Jesús responde a la pregunta grande "¿Cómo puedo estar listo?" Debemos vigilar:

- Debemos vigilar las situaciones manifestándose en el mundo. El "aumento de maldad", el "amor de muchos que se enfría", "profetas falsos"—estos nos recuerdan que el retorno de Jesús está cerca.

- Debemos vigilar, entonces, nuestras almas. En estos "días finales", las disciplinas espirituales están pasando tiempos difíciles. Descuidamos el cuidado de nuestras almas. Sin embargo, en este tiempo de creciente maldad debemos ponerle atención no solo al estado sino al estado *de nuestras almas.*

- Finalmente, debemos vigilar las almas de nuestra familia, hermanos cristianos, amigos y vecinos. ¿Qué estamos haciendo para "darles su alimento a tiempo" (v. 45)? ¿Qué estamos haciendo para asegurar que los perdidos escuchen el mensaje, para animar a los cristianos en las pruebas o para enseñarle la verdad a la siguiente generación?

Aquel a quien le celebramos su primera llegada mañana vendrá de nuevo. ¿Está listo?

———— ✳ ————

Oración: Gracias, Señor Jesús, por venir a la tierra hace 2,000 años. Y gracias por la promesa de tu retorno. Y aunque quizás no tenga claro todo el simbolismo y la fecha, puedo estar listo al confiar en ti, y solamente en ti, para la salvación, ¡Ayúdame a vigilar! Amén.

Considere: ¿Cómo se ha preparado para la Navidad? ¿Está listo? Si no, ¿qué le falta hacer?

En este viaje por el Adviento, ¿se ha estado preparando espiritualmente, para la llegada de Cristo? ¿Ha alcanzado eso? Si no, ¿qué falta hacer?

Para más estudio y reflexión: En espíritu de oración repase cada "Considere" y "Para más estudio y reflexión" de cada día. ¿Hay algo que debe hacer para responder?

Reflexione: ¿Cómo debo vigilar las situaciones del mundo? ¿El estado de mi alma? ¿Las almas de mi familia?

Para niños y familias: Como familia, hagan alguna preparación de última hora para las celebraciones navideñas de mañana. Por ejemplo, arreglen las galletas y leche para Santa, envuelvan un regalo que queda sin envolver o trabajen juntos para preparar comida para mañana.

Recuerden a la familia que esta tarea es una parte divertida de la preparación para la Navidad. Sin embargo, no es la tarea más importante que debemos hacer. Lo más importante es cstar listos para la llegada de Cristo en el tiempo de la

Navidad y para cuando llegue en su segunda venida. Oren juntos como familia, pidiéndole a Dios que nos ayude estar siempre preparados para su venida.

25 DE DICIEMBRE

Navidad – ¡Feliz navidad!

Lea Lucas 2:1-20

¹ Aconteció en aquellos días que se promulgó un edicto de parte de Augusto César, que todo el mundo fuera empadronado. ² Este primer censo se hizo siendo Cirenio gobernador de Siria. ³ E iban todos para ser empadronados, cada uno a su ciudad. ⁴ También José subió de Galilea, de la ciudad de Nazaret, a Judea, a la ciudad de David, que se llama Belén, por cuanto era de la casa y familia de David, ⁵ para ser empadronado con María su mujer, desposada con él, la cual estaba encinta. ⁶ Aconteció que estando ellos allí se le cumplieron los días de su alumbramiento. ⁷ Y dio a luz a su hijo primogénito, y lo envolvió en pañales y lo acostó en un pesebre, porque no había lugar para ellos en el mesón.

⁸ Había pastores en la misma región, que velaban y guardaban las vigilias de la noche sobre su rebaño. ⁹ Y se les

presentó un ángel del Señor y la gloria del Señor los rodeó de resplandor, y tuvieron gran temor. [10] Pero el ángel les dijo: —No temáis, porque yo os doy nuevas de gran gozo, que será para todo el pueblo: [11] os ha nacido hoy, en la ciudad de David, un Salvador, que es Cristo el Señor. [12] Esto os servirá de señal: hallaréis al niño envuelto en pañales, acostado en un pesebre.

[13] Repentinamente apareció con el ángel una multitud de las huestes celestiales, que alababan a Dios y decían: [14] "¡Gloria a Dios en las alturas y en la tierra paz, buena voluntad para con los hombres!"

[15] Sucedió que cuando los ángeles se fueron de ellos al cielo, los pastores se dijeron unos a otros: —Pasemos, pues, hasta Belén, y veamos esto que ha sucedido y que el Señor nos ha manifestado. [16] Vinieron, pues, apresuradamente, y hallaron a María y a José, y al niño acostado en el pesebre. [17] Al verlo, dieron a conocer lo que se les había dicho acerca del niño.

[18] Todos los que oyeron, se maravillaron de lo que los pastores les decían. [19] Pero María guardaba todas estas cosas, meditándolas en su corazón. [20] Los pastores se volvieron glorificando y alabando a Dios por todas las cosas que habían oído y visto, como se les había dicho.

———— ✳ ————

Oración:

Jesús, recordamos en la mañana de Navidad,

Justo como llegaste a nacer.

En establo sencillo, en pesebre de vaca,

Llegaste humildemente para salvarnos a todos.

Que cada uno de nosotros, este día, haga su parte,

Y te pida entrar a su corazón.

Amén.

Para todos:

Después de leer la historia de la Navidad juntos, hablen de la importancia de esta historia. Discuten maneras de mantener vivo el espíritu de Navidad más allá de este día.

———— ✳ ————

26 DE DICIEMBRE

Mateo 25 – Estén alertas

Lea Mateo 25:1-13

Velad, pues, porque no sabéis el día ni la hora en que el Hijo del hombre ha de venir. (Mateo 25:13)

Yo sé que dentro de seis días comienza el nuevo año. Sé exactamente la hora cuando llegará. Sin embargo, al escribir este devocional, me encuentro mirando por la ventana atento a la llegada del "Sr. Técnico". Sé que va a llegar, pero no sé la hora exacta de su llegada. Así que estoy alerta.

Sabemos que Jesús también llegará. Perdón por causarle ansiedad, pero es más una cosa de esperar al "Sr. Técnico" que esperar al nuevo año. Así que *estamos alertas*.

¿Qué quiere decir *estar alertas*? Lo vemos representado vívidamente en el siguiente capítulo en cuanto al jardín de Getsemaní:

- Quiere decir orar. En Getsemaní Jesús le dijo a sus discípulos que "velaran y oraran". Lo mismo aplica para nuestro vigilar hoy. Mientras esperamos el retorno de Jesús, es imperativo que oremos. Nos enfrentaremos a tribulaciones al acercarse la venida del Señor, y nuestra fortaleza en la prueba depende de nuestra intimidad con el Padre.

- Quiere decir mantenerse despierto. El problema con los discípulos que no oraban no era la disposición sino la somnolencia: "El espíritu está dispuesto, pero el cuerpo es débil" (Mateo 26:41). ¡Qué cierto es! Si no tenemos cuidado, nuestra cultura nos adormecerá hasta llegar a un estado de letargo y apatía.

- Quiere decir enfocarnos en cosas espirituales. Cuando Jesús se fue a orar, los discípulos perdieron su concentración. Dios siempre nos está hablando, pero debemos estar escuchando.

- Quiere decir guardar a los que nos fueron encomendados. Jesús sabía que venía el peligro. Quería que sus amigos de más confianza le prepararan a él y a los otros para la llegada de Judas y los guardias. Nosotros no solamente debemos velar por nosotros mismos, pero también velar por los que amamos.

¡Esté alerta!

Oración: Señor, te doy gracias que nos has advertido que estemos alertas. En este año nuevo ayúdame a vivir listo para tu retorno —constante en oración, bien despierto, espiritualmente concentrado y cuidando a otros. Amén.

27 DE DICIEMBRE

Mateo 25 – Hacer bien

Lea Mateo 25:14–30

Su señor le dijo: "Bien, buen siervo y fiel; sobre poco has sido fiel, sobre mucho te pondré. Entra en el gozo de tu señor."(Mateo 25:21)

El final del año es un buen tiempo para detenerse y mirar cómo está, para asegurar que le está yendo bien.

Antes de jubilarnos y dejar la oficina pastoral, Lana y yo nos reunimos con nuestro consejero financiero varias veces para ver cómo nos iba financieramente. ¿Se imagina nuestra reacción si nos hubiera dicho: "Lo siento, no sabía qué hacer con su dinero, así que lo enterré en mi jardín. Después de todo, no quería perder nada. ¡Aquí tienen! ¡Me pueden agradecer más tarde!". Como mínimo, ¡no hubiéramos estado contentos!

Así como Lana y yo encomendamos nuestros fondos a un consejero financiero, Jesús nos ha encomendado los activos del reino. ¿Él estaría contento si descuidáramos su uso correcto o, aún peor, los usáramos para nuestros propios propósitos egoístas?

¿Cómo está usando los talentos que él le ha dado? ¿Los está invirtiendo en las prioridades y los valores del reino —alcanzando a los perdidos, mostrando la gloria de Dios, esparciendo el amor del reino y cuidando a los necesitados? En breve, ¿está haciendo bien?

"¡Bien hecho!". Si queremos oír esas palabras, ¡entonces debemos *hacer* el bien! Él nos ha dado a cada quien responsabilidades específicas de acuerdo a nuestras habilidades. Ninguno de nosotros está exento de estas tareas. Él no nos salvó para que pudiéramos sentarnos y esperar. Él nos salvó para hacer cosas buenas y hacerlas bien.

Espero que esté bien, haciendo el bien.

Oración: Reconozco, o Señor Dios, que tú me has dado talentos y recursos y oportunidades para usar para ti. Hoy y a través de todo este año entrante, ayúdame a ser fiel sobre este "poco" para que algún día pueda escuchar esas palabras benditas: "¡Bien hecho!". Amén.

✳

28 DE DICIEMBRE

Mateo 26 – Una cosa bella

Lea Mateo 26:6–13

Lo que ha hecho conmigo es una buena obra.
(Mateo 26:10)

Es la naturaleza del amor dar y a veces el amor simplemente tiene que ser extravagante. Esto fue lo que pasó con la mujer de Mateo 26, la mujer que ungió a Jesús con "un bálsamo muy caro" (v. 7). Algunos estudiosos creen que la vasija de alabastro costó el salario de un año. Muy posiblemente representaba los ahorros de su vida.

Cuando estamos enamorados de Cristo, hay veces cuando nuestra "razón" se echa por la ventana. No fue razonable que esta mujer hiciera tal declaración de amor. De otra forma, por supuesto, ¡se pudo haber vendido el perfume y el dinero dado a los pobres! El amor de usted por Cristo, incluyendo el servicio y la ofrenda sacrificial, la oración y adoración apasionada, se mal entenderán y serán menospreciados por los que no saben nada del sacrificio de Cristo por usted: de la vida que él le da, la paz que le rodea, el gozo que le fortalece, el amor que le llena.

Y no olvide —este acto bello dejó una fragancia perdurable. No solo se llenó la casa del aroma de este sacrificio, pero la misma historia ha preservado este olor gratificante de amor. El amor tiene un efecto dominó que se expande y sigue expandiendo.

Otra cosa que esta historia me enseña es que hay ciertas cosas que deben hacerse cuando se da la oportunidad. En el poema de Robert Frost "El camino no elegido", llegamos a caminos en el bosque que divergen. Lo que escogemos determinará el curso de nuestra vida. La mujer que ungió a Jesús "[eligió] el menos transitado de ambos, y eso supuso toda la diferencia". ¿Qué elecciones está considerando?

¡Haga una cosa bella para Jesús hoy y todo el año!

Oración: Jesús, gracias por tu amor extravagante por mí. Quiero ser extravagante en mi respuesta. Te doy mi corazón y mi vida hoy. Que pueda hacer algo bello para ti en cada día del año que viene. Amén.

———————— ✳ ————————

29 DE DICIEMBRE

Mateo 26 – Espíritu dispuesto; carne débil

Lea Mateo 26:35–41

Velad y orad para que no entréis en tentación;
el espíritu a la verdad está dispuesto,
pero la carne es débil. (Mateo 26:41)

¿Alguna vez ha fanfarroneado como Pedro cuando él dijo: —Aunque tenga que morir contigo, no te negaré. (v. 35)? ¿Sus acciones subsecuentes apoyaron su afirmación, cualquiera que haya sido?

Podemos aprender de la debilidad de Pedro:

- Pedro alardeó en frente de los otros discípulos, y luego los otros "dijeron lo mismo" (v. 35). Hay algo de estar entre una multitud de gente entusiasta y bombástica que nos hace fanfarronear. Queremos aparentar ser fuertes, superiores, invencibles. Este año tenga mucho cuidado con lo que presume ante otros. ¡Ambos podrían tener que tragarse las palabras!

- Cuando Pedro tuvo la oportunidad de orar por Jesús, ¡se durmió! A pesar de repetidas advertencias, Pedro simplemente no pudo esforzarse a orar. Las veces en que más necesitamos orar son cuando se nos hace más difícil. Este año mejoremos el esfuerzo a superar los obstáculos a la oración.

- Pedro ciertamente era un hombre valiente, pero la carne que fue débil en la batalla espiritual también se mostró débil en una crisis física. La carne se rebelará contra nosotros en tiempos de crisis. ¡Este año determine orar, para ganar fuerza y valor para la batalla!

- "Cuando fallas en planear, planeas fallar". Aún más cierto: "Cuando fallas en orar, planeas fallar". La vigilancia en oración es la barrera más eficaz al fracaso espiritual, la fatiga emocional, malas actitudes y decisiones mediocres. ¡Una hora en oración, en las Escrituras y en reflexión espiritual le prepara para veintitrés horas movidas! Este año haga un plan específico para la oración.

Oración: Señor, yo no quiero ser una persona de afirmaciones falsas y promesas rotas. Ayúdame a obtener fuerzas de ti. En el año que viene ayúdame a desarrollar un hábito y patrón de oración diaria. Amén.

※

30 DE DICIEMBRE

Mateo 27 – ¿Qué quiero?

Lea Mateo 27:50–61

Éste fue a Pilato y pidió el cuerpo de Jesús.
(Mateo 27:58)

Cuando me jubilé, "empaqué mi oficina" durante varias semanas, moviendo la biblioteca y los archivos a la oficina de mi casa. Me alegro de haberme dado tiempo adecuado, ¡porque descubrí rápidamente que había acumulado muchas "cosas" en mis 31 años de ministerio! Encontré que tenía que ser selectivo en qué conservar. Simplemente no hay espacio para todo. "¿En realidad quiero tal cosa?".

Llegan tiempos cuando nos tenemos que preguntar: "¿Quiero eso? ¿Lo necesito?". Son preguntas difíciles pero necesarias.

En Mateo 27 José de Arimatea quería algo —el cuerpo de Jesús. Así que fue a Pilato y se lo pidió. Estoy seguro que Pilato pensó que era una solicitud inusual. Con frecuencia los cuerpos de criminales condenados se echaban en un pozo cerca del lugar de la ejecución. Cuando se llevaban, era por los miembros de la familia de luto. Pero aquí estaba un ciudadano judío respetado y rico, no relacionado con Jesús, pidiendo el cuerpo. ¿Por qué querría el cuerpo del Señor? *Ya ni modo,* pensó Pilato, *supongo que lo puede llevar.*

¿Qué de usted? ¿Quiere el cuerpo de Jesús? ¿Se identificará con el estigma de la cruz, esa señal de debilidad y símbolo de muerte? Es fácil querer el cuerpo *resucitado* de Jesús. ¿Pero el cuerpo de *muerte*? El apóstol Pablo dijo que "llevamos siempre en el cuerpo la muerte de Jesús, para que también la vida de Jesús se manifieste en nuestros cuerpos" (2 Corintios 4:10).

Una pregunta final. ¿Qué problema, amargura, fracaso o enojo está llevando al año nuevo? ¿En realidad quiere eso? ¿No querrá mejor llevar el cuerpo de Jesús?

Oración: Jesús, qué increíble que tú, el Hijo de Dios, murieras por mí. Con alegría me identifico contigo en tu muerte para que tu vida sea manifiesta en mí hoy y en cada día del año nuevo. Amén.

❋

31 DE DICIEMBRE

Mateo 28 – Vengan y vean. Vayan y digan.

Lea Mateo 28:1–10

No temáis vosotras; porque yo sé que buscáis a Jesús,
el que fue crucificado. No está aquí, pues ha resucitado,
como dijo. Venid, ved el lugar donde fue puesto el Señor.
E id pronto y decid a sus discípulos que ha resucitado
de los muertos. (Mateo 28:5–7)

Buscan a Jesús. Él no está aquí porque ha resucitado.
La muerte no fue la palabra final el la vida de Jesús,
y por lo tanto no es la palabra final de este año tampoco.
A veces estamos tentados a desesperarnos, a darnos por
vencidos. Pero no hay lugar tan oscuro que la luz de Jesús
no pueda penetrarlo. Si la muerte no fue una barrera al
poder y gracia de Dios, ¡entonces nada lo es!

Al concluir este año y comenzar uno nuevo, considere las palabras de ese ángel a las mujeres en la tumba vacía de Jesús:

• *Vengan... vean.* A veces debemos enfrentar nuestros problemas directamente. Para ser liberados de nuestros "demonios", debemos confrontarlos, verlos —¡pero hacerlo a la luz de la resurrección! ¡La tumba está vacía! ¡La muerte ha perdido su aguijón!

• *Vayan... digan.* Una de la mejores formas de "cimentar" nuestra fe es testificar sobre lo que hemos descubierto y experimentado. ¡Jesús está vivo! ¡Jesús me ha liberado! ¿A cuántas personas conoce que necesitan oír este mensaje? ¡Dígales!

Así que "¡No tema!". ¡Él ya va delante de usted en el año nuevo!

Una bendición del autor
"Jehová te bendiga y te guarde;
Jehová haga resplandecer su rostro sobre ti,
Y tenga de ti misericordia;
Jehová alce sobre ti su rostro,
Y ponga en ti paz."
Amén.
(Números 6:24–26)

❋

Otros libros por Scott Wade

CHRISTMAS WITH LUKE (inglés)
LA NAVIDAD CON LUCAS (español)
NATAL COM LUCAS (portugués)

THE CLIMB *(La subida)*
Una guía devocional de cinco años por la Biblia
Libro 1: ***START HERE*** *(Comience aquí)*
Libro 2: ***STAY FOCUSED*** *(Mantenga el enfoque)*
Libro 3: ***STICK WITH IT*** *(Apéguese)*
Libro 4: ***STRETCH YOURSELF*** *(Estírese)*
Libro 5: ***STAND TALL*** *(Manténgase derecho)*

Como pedir:
Visite el sitio de Momentum Ministries en
www.momentumministries.org
para pedir copias de este y otros libros para ayudarle a
alcanzar, mantener y recuperar el ímpetu espiritual.

ACERCA DE LOS AUTORES

El evangelista SCOTT WADE es el fundador y presidente de Momentum Ministries, buscando ayudar a personas a alcanzar, mantener y recuperar el ímpetu espiritual. Además de predicar, Scott ha escrito siete libros y varios materiales más. Él publica un pódcast semanal, distribuye un video semanal y dirige equipos de misiones en compartir el evangelio de Jesucristo.

Antes de liderar Momentum Ministries, Scott sirvió como pastor por más de 30 años. Ya fuera en Carolina del Norte, Illinois, Ohio o Carolina del Sur, él se enfrentó al reto anual de involucrar a congregaciones de diversos tamaños y trasfondos en el mensaje de la Navidad.

Scott y su esposa, Lana, han fundamentado esta temporada en la Palabra de Dios. En musicales navideños, sermones festivos y en observaciones de Adviento en familia, la Biblia fue su guía. De esta convicción surgió la idea de proveer a individuos, familias y a iglesias un viaje de Adviento basado en la Biblia. El primer volumen, *La Navidad con Lucas*, publicado en 2019, fue recibido con entusiasmo por congregaciones e individuos, y muchos le animaron a Scott a escribir un volumen complementario. Una vez más Scott ha colaborado con Matt y Fay Wagner para proveer una experiencia significativa de Adviento para niños tanto como para adolescentes y adultos: *La Navidad con Mateo*.

Scott sigue escribiendo y predicando la Palabra. Desde su base en Carolina del Sur, los Wade dirigen avivamientos (aportando el mensaje y la música si se necesita) en dondequiera que Dios dirija y las iglesias llamen.

MATT y FAY WAGNER son educadores de toda la vida, habiendo servido en escuelas públicas en Carolina del Norte y en Ohio tanto en el salón de clase como en la administración. Junto a sus carreras en la educación, los Wagner han servido fielmente en sus iglesias locales y han dirigido varios viajes misioneros, nacionales y en el extranjero. Ahora están siguiendo el llamado de Dios para servir en asignaciones misioneras de más largo plazo. Y cuando se encuentran disponibles, sirven en el equipo de evangelismo de Momentum Ministries con los Wade.